KARDEC
E OS ESPÍRITOS

ADAPTAÇÃO EM QUADRINHOS DA OBRA DE

Allan Kardec

LACHÂTRE

Ao meu pai Eddy, meus avós,
meu cunhado Bernardo,
meus sobrinhos Daniel e Arthur
e a todos meus entes queridos desencarnados
que me fizeram refletir sobre
a Vida após o fim do corpo físico.

AGRADECIMENTOS

Paulo Afonso de Lima
In memorian

Érica Collares, Adriano Calsone, Rogério Fabiano,
Adam Grzybowski, Manuela Collares, Jussara Korngold,
Gilles Fernandes, Isabel Garcia, Heliane Daminao, Eduardo Lima,
Gabriel Garcia, Joel Vaz, Gustavo Dallocchio.

Direitos de publicação cedidos pelo autor ao
INSTITUTO LACHÂTRE
Rua Dom Bosco 44 - Mooca - SP
Telefone: 11 2277-1747
Página na internet: www.lachatre.org.br
E-mail: editora@lachatre.org.br

REVISÃO TÉCNICA
JORGE DAMAS MARTINS

CAPA & PROJETO GRÁFICO
GUILLERMO LUIS

2ª edição – Maio de 2019
Do 1º ao 2.500º exemplar

Impresso na Gráfica Assahi

Impresso no Brasil
Presita en Brazilo

CIP-Brasil. Catalogação na fonte.
Sindicato Nacional dos Editores de Livros, RJ.

Luis, Guillermo
Kardec e os Espíritos - Tomo I – O Livro dos Espíritos / Guillermo Luis. São Paulo, SP: Instituto Lachatre, 2019, 2ª Edição.

128p.
ISBN: 978-85-8291-075-7

1. Espiritismo. 2. Allan Kardec. 3. O Livro dos Espíritos. I. Rosa, Ana. II. Título.

CDD 133.9 CDU 133.7

A maior caridade que se pode fazer para o Espiritismo é a divulgação da doutrina. Para tal, Guillermo Luis, diretor de arte e cartunista, já vem trabalhando há um bom tempo na equipe de produção teatral de obras com temática espírita, sendo uma delas - não por acaso - sobre a vida de Allan Kardec.

Trabalhamos juntos no espetáculo "Allan Kardec - Um Olhar para a Eternidade" e Guillermo demostrou, logo de início, seu talento como artista gráfico, criador de cenários e paisagismo, com ideias de projeções dos locais por onde Hippolyte Léon Denizard Rivail transitou em vida, projeções que embelezaram grandemente os espetáculos.

No decorrer desse processo, Guillermo se deixou encantar pela vida do Codificador e pelo estudo de suas obras. Surgiu então a ideia de prestar uma homenagem lançando sua história em forma de quadrinhos, mesclada com questões do primeiro livro da Codificação, "O Livro dos Espíritos".

É sempre uma responsabilidade falar sobre os ensinamentos de Kardec. Para fazê-lo de forma correta, como pesquisador consciente, Guillermo organizou diversas informações extraídas literalmente de biógrafos como Henri Sausse, Anna Blackwell, André Moreil, Jean Prieur, Zéus Wantuil e Francisco Thiesen, e em contos e romances de Silvino Canuto de Abreu. Mas, principalmente, se aprofundou nos relatos e conclusões do próprio Allan Kardec e nas investigações recentes sobre sua vida e obra.

Para meu deleite, Guillermo me convidou a escrever estas linhas sobre seu trabalho, tarefa mais que prazerosa, uma vez que me sinto privilegiada, pois consigo unir o prazer de representar e exercer meu trabalho artístico e profissional, ao prazer de divulgar a Doutrina.

"Kardec e os Espíritos", obra em quadrinhos de Guillermo Luis, vem oferecer ao público mais uma fonte de estudo da Doutrina Espírita, de uma forma leve, animada, colorida e dinâmica. Divirtam-se!

Ana Rosa

O Livro dos Espíritos

Prolegômenos

Este livro é o repositório de seus ensinos. Foi escrito por ordem e mediante ditado de Espíritos Superiores, para estabelecer os fundamentos de uma filosofia racional, isenta dos preconceitos do espírito de sistema.
Eis em que termos nos deram, por escrito e por muitos médiuns, a missão de escrever este livro.

"Ocupa-te, cheio de zelo e perseverança, do trabalho que empreendeste com o nosso concurso, pois esse trabalho é nosso."

"Estaremos contigo sempre que o pedires, para te ajudarmos nos teus trabalhos."

"Entre os ensinos que te são dados, alguns há que deves guardar para ti somente, até nova ordem."

"Porás no cabeçalho do livro a cepa que te desenhamos."

"Não te deixes desanimar pela crítica. Encontrarás contraditores encarniçados."

“A vaidade de certos homens, que julgam saber tudo e tudo querem explicar a seu modo, dará nascimento a opiniões dissidentes.”
“Com a perseverança é que chegarás a colher os frutos de teus trabalhos.”
“Lembra-te de que os Bons Espíritos só dispensam assistência aos que servem a Deus com humildade e desinteresse e que repudiam a todo aquele que busca na senda do Céu um degrau para conquistar as coisas da Terra, que se afastam do orgulhoso e do ambicioso.”
São João Evangelista, Santo Agostinho, São Vicente de Paulo, São Luís, O Espírito de Verdade, Sócrates, Platão, Fénelon, Franklin, Swedenborg e outros.

LYON, FRANÇA.
3 de OUTUBRO DE 1804,
19 HORAS.

Encarnei no início do século XIX, depois do conturbado período que sucedeu a Revolução Francesa.
Meu nome:
HIPPOLYTE LÉON DENIZARD RIVAIL

JEAN-BAPTISTE ANTOINE RIVAIL
JEANNE-LOUISE DUHAMEL
MEU PAI ERA MILITAR E JUIZ, UM HOMEM COM UM PASSADO DE VIRTUDES, RETIDÃO MORAL E INTEGRIDADE.
SUA ESPOSA, MINHA AMADA MÃE, FOI UMA MULHER NOTAVELMENTE BELA E ELEGANTE, A QUEM EU DEVOTAVA PROFUNDO AFETO.

FUI BATIZADO A 15 DE JUNHO DE 1805 NA IGREJA DE SAINT DENIS, NO DEPARTAMENTO DE L'AIN.
MEUS PADRINHOS FORAM PIERRE LOUIS PERRIN E SUZANE GABRIELLE MARIE VERNIER.

EU MINISTRO O DIVINO SACRAMENTO DO BATISMO A HIPPOLYTE LÉON DENIZARD RIVAIL!

MEU FILHO! QUE NUNCA TE FALTE A PROTEÇÃO DE DEUS...

DE DEUS

1 ~ *Que é Deus?*

~ Deus é a inteligência suprema, causa primária de todas as coisas.

2 ~ *Que se deve entender por Infinito?*

~ O que não tem começo nem fim: o desconhecido. Tudo o que é desconhecido é infinito.

3 ~ *Poderia se dizer que Deus é o infinito?*

~ Definição incompleta. Pobreza da linguagem humana, insuficiente para definir o que está acima da linguagem dos homens.

4 ~ *Onde se pode encontrar a prova da existência de Deus?*

~ Num axioma que aplicais às vossas ciências. Não há efeito sem causa. Procurai a causa de tudo o que não é obra do homem e a vossa razão responderá.

10 ~ *Pode o homem compreender a natureza íntima de Deus?*

~ Não. Falta-lhe para isso o sentido.

BOURG-EN-BRESSE, FRANÇA. 1812.
NAQUELA ÉPOCA DA MINHA INFÂNCIA, MORAVA EU COM A MINHA MÃE E MINHA AVÓ MATERNA. MEU PAI ESTAVA DESAPARECIDO, PRESUMIDAMENTE MORTO NAS GUERRAS DA ESPANHA.
HIPPOLYTE! VENHA CONHECER O PADRE QUE O BATIZOU!
ESTOU INDO, MÃE!
A QUE DEVO O PRAZER DA SUA VISITA, REVERENDO?
VIM VER O PEQUENO HIPPOLYTE, TODOS NA REGIÃO ELOGIAM SUA SAGAZ INTELIGÊNCIA E AGUÇADA OBSERVAÇÃO. A CÚRIA ESTÁ INTRIGADA SOBRE OS RUMOS DA SUA EDUCAÇÃO!
NOSSA FAMÍLIA TEM SE DISTINGUIDO NA ADVOCACIA, NA MAGISTRATURA E NA ÁREA MILITAR, MAS HIPPOLYTE SENTE-SE ATRAÍDO PELA FILOSOFIA E AS LÍNGUAS...
PADRE BARTHE
...POR ISSO, EM BREVE O ENVIAREI AO INSTITUTO MODELO QUE O PROFESSOR PESTALOZZI FUNDOU EM YVERDON RECENTEMENTE.
MAS A SUÍÇA É UM PAÍS PROTESTANTE!
REVERENDO, A CIÊNCIA DESCONHECE DOGMAS OU RELIGIÕES!
...AINDA ASSIM, VEJO NO MEU FILHO UM ALTO GRAU DE EVOLUÇÃO ESPIRITUAL!
ENTÃO TALVEZ SEJA O MOMENTO PARA CONHECER E APRENDER MAIS SOBRE OS ATRIBUTOS DE DEUS TODO PODEROSO!
DEUS? ...TODO PODEROSO?
NAQUELE DIA, PASSARAM POR MIM MUITAS INTERROGAÇÕES, PARA AS QUAIS SÓ ANOS DEPOIS EU TERIA RACIONAL E CONVINCENTE RESPOSTA.

ATRIBUTOS DA DIVINDADE

13 ~ *Quando dizemos que Deus é eterno, infinito, imutável, imaterial, único, onipotente, soberanamente justo e bom, temos ideia completa de seus atributos?*

~ Do vosso ponto de vista, sim, porque credes abranger tudo. Sabei, porém, que há coisas que estão acima da inteligência do homem mais inteligente, as quais a vossa linguagem, restrita às vossas ideias e sensações, não tem meios de exprimir. Para estar acima de todas as coisas, Deus tem que se achar isento de qualquer vicissitude e de qualquer das imperfeições que a imaginação possa conceber.

YVERDON, SUÍÇA, 1815.
SEJAM BEM-VINDOS! TOMEI A LIBERDADE EM VIR BUSCÁ-LOS PESSOALMENTE. ESTAVA ANSIOSO POR CONHECÊ-LO, JOVEM RIVAIL!
AFINAL, SUA INTELIGÊNCIA E PERSPICÁCIA SÃO ELOGIADAS PELAS MAIS ILUSTRES E INTELECTUAIS FAMÍLIAS DA FRANÇA! MUITO PRAZER.
JOHANN HEINRICH PESTALOZZI
ESPERO QUE O INSTITUTO POSSA COMPLETAR E ENRIQUECER SUA BAGAGEM ESCOLAR. PERMITE-ME, MADAME RIVAIL?
MERCI, PROFESSOR!
O QUE BUSCAS EM YVERDON, HIPPOLYTE?
BOM... INSTRUÇÃO, CULTURA... E RESPOSTAS!
RESPOSTAS? PARA QUÊ?
HUM... PARA AS GRANDES PERGUNTAS DO NOSSO MUNDO!
DE ONDE VIEMOS?... PARA ONDE VAMOS.?.. QUAL A ORIGEM DE TUDO?
SE CRES QUE SAIRÁS DAQUI COM O CONHECIMENTO ABSOLUTO, TERÁS UMA GRANDE DECEPÇÃO!

DOS ELEMENTOS GERAIS DO UNIVERSO

17 ~ *É dado ao homem conhecer o princípio das coisas?*

~ Não, Deus não permite que ao homem tudo seja revelado neste mundo.

19 ~ *Não pode o homem, pelas investigações científicas, penetrar alguns dos segredos da Natureza?*

~ A Ciência lhe foi dada para seu adiantamento em todas as coisas. Ele, porém, não pode ultrapassar os limites que Deus estabeleceu.

22a ~ *Que definição podeis dar da matéria?*

~ A matéria é o laço que prende o espírito. É o instrumento de que este se serve e sobre o qual, ao mesmo tempo, exerce sua ação.

23 ~ *Que é o Espírito?*

~ O princípio inteligente do Universo.

YVERDON, SUÍÇA, 1815. INSTITUTO PESTALOZZI.
Meu caro Rivail, na nossa escola a responsabilidade cabe ao aluno, ele é conduzido a aprender por si mesmo. As matérias não são ministradas dogmaticamente, ou pelo método catequético!
Todos gozam aqui de grande liberdade, as portas do castelo permanecem abertas o dia todo e sem porteiros. Pode-se sair e entrar a qualquer hora! Por aqui, por favor!
Jornada escolar das 6h às 20 h. Vinte e quatro matérias, preparo físico, intelectual e moral. Natação no Lago de Neuchâtel, dança, esgrima, escaladas, patinação no gelo, excursões na floresta, representações e canto.
Os mestres mais jovens são encarregados da vigilância no tempo em que não há lições. Todos os domingos, numa assembleia geral, passamos em revista o trabalho da semana.
Pela sua aptidão para os idiomas, o colocarei aos cuidados de um dos meus mais instruídos colaboradores...
ALEXANDRE-ANTOINE BONIFACE
Apresento-lhe minha esposa Anna, carinhosamente chamada pelos alunos de "Mamãe Pestalozzi". Querida, este jovem é **Hippolyte Léon Denizard Rivail**, um aluno novo, com excelente preparo intelectual, notável formação moral e alto espírito de observação!
Espero que aqui você encontre uma segunda família, filho!
ANNA SCHULTHESS PESTALOZZI

O LIVRO DOS ESPÍRITOS

PARTE I - DAS CAUSAS PRIMÁRIAS

DO PRINCÍPIO VITAL

72 ~ *Qual a fonte da inteligência?*

~ A inteligência universal.

73 ~ *O instinto independe da inteligência?*

~ Precisamente, não, por isso que o instinto é uma espécie de inteligência. É uma inteligência sem raciocínio. Por ele é que todos os seres proveem às suas necessidades.

81 ~ *Os Espíritos se formam espontaneamente, ou procedem uns dos outros?*

~ Deus os cria, como a todas as outras criaturas, pela sua vontade. Mas a origem deles é um mistério.

84 ~ *Os Espíritos constituem um mundo à parte, fora daquele que vemos?*

~ Sim, o Mundo dos Espíritos, ou das inteligências incorpóreas.

85 ~ *Qual dos dois, o mundo espírita ou o mundo corpóreo, é o principal, na ordem das coisas?*

~ O mundo espírita, que preexiste e sobrevive a tudo.

86 ~ *O mundo corporal poderia deixar de existir, ou nunca ter existido, sem que isso alterasse a essência do mundo espírita?*

~ Decerto. Eles são independentes. Contudo, é incessante a correlação entre ambos, porquanto um sobre o outro incessantemente reagem.

88 ~ *Os Espíritos têm forma determinada, limitada e constante?*
~ Para vós não, para nós sim. O Espírito é, se quiserdes, uma chama, um clarão, ou uma centelha etérea.

96 ~ *São iguais os Espíritos, ou há entre eles qualquer hierarquia?*
~ São de diferentes ordens, conforme o grau de perfeição que tenham alcançado.

97 ~ *As ordens ou graus de perfeição dos Espíritos são em número determinado?*
~ Elas podem reduzir-se a três principais. Na primeira ordem: Espíritos Puros. Segunda ordem: Aqueles que o desejo do bem predomina. Terceira ordem: os Espíritos Imperfeitos.

ESCALA ESPÍRITA

101 - TERCEIRA ORDEM - ESPÍRITOS IMPERFEITOS

Predominância da matéria sobre o espírito. Propensão para o mal. Ignorância, orgulho, egoísmo. A inteligência pode achar-se neles aliada à maldade ou à malícia.

102 - *Décima classe*

ESPÍRITOS IMPUROS ►

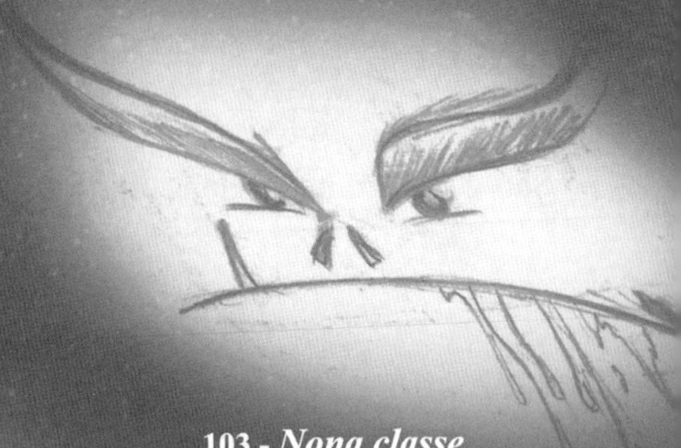

Inclinados ao mal, de que fazem o objeto de suas preocupações. Dão conselhos pérfidos, sopram a discórdia e a desconfiança e se mascaram de todas as maneiras para melhor enganar. Fazem o mal por prazer, a maior parte das vezes sem motivo.

103 - *Nona classe*

◄ ESPÍRITOS LEVIANOS

Ignorantes, maliciosos, irrefletidos e zombeteiros. Metem-se em tudo, a tudo respondem, sem se incomodarem com a verdade. Gostam de causar pequenos desgostos, de intrigar, de induzir maldosamente em erro, por meio de mistificações e de espertezas.

104 - *Oitava classe*

ESPÍRITOS PSEUDO-SÁBIOS ►

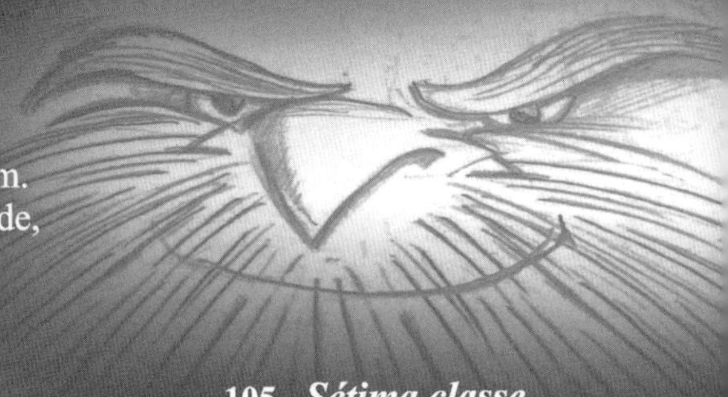

Dispõem de conhecimentos bastante amplos, porém, creem saber mais do que realmente sabem. A linguagem deles aparenta um cunho de seriedade, de natureza a iludir com respeito às suas capacidades e luzes.

105 - *Sétima classe*

◄ ESPÍRITOS NEUTROS

Nem bastante bons para fazerem o bem, nem bastante maus para fazerem o mal. Apegam-se às coisas deste mundo, de cujas grosseiras alegrias sentem saudades.

106 - *Sexta classe*

ESPÍRITOS BATEDORES E PERTURBADORES ►

Manifestam sua presença por pancadas, movimento e deslocamento anormal de corpos sólidos, agitação do ar, etc. Parecem ser os agentes principais das vicissitudes dos elementos do globo, quer atuem sobre o ar, a água, o fogo, os corpos duros, quer nas entranhas da terra.

107 - SEGUNDA ORDEM - BONS ESPÍRITOS

Predominância do Espírito sobre a matéria. Desejo do bem. Uns têm a ciência, outros a sabedoria e a bondade. Suscitam bons pensamentos e desviam os homens da senda do mal.

108 - *Quinta classe*

◄ ESPÍRITOS BENÉVOLOS

A bondade é neles a qualidade dominante. Apraz-lhes prestar serviço aos homens e protegê-los. Porém hão progredido mais no sentido moral do que no sentido intelectual.

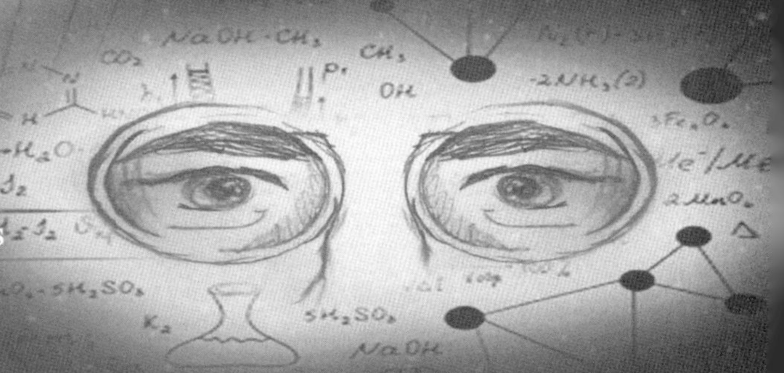

109 - *Quarta classe*

ESPÍRITOS SÁBIOS ►

Distinguem-se pela amplitude de seus conhecimentos. Preocupam-se menos com as questões morais, do que com as de natureza científica, para as quais têm maior aptidão.

110 - *Terceira classe*

◄ ESPÍRITOS DE SABEDORIA

As qualidades morais da ordem mais elevada são o que os caracteriza. Sem possuírem ilimitados conhecimentos, são dotados de uma capacidade intelectual que lhes faculta juízo reto sobre os homens e as coisas.

111 - *Segunda classe*

ESPÍRITOS SUPERIORES ►

Reúnem a ciência, a sabedoria e a bondade. Sua superioridade dá noções exatas sobre as coisas do mundo incorpóreo, dentro dos limites do que é permitido ao homem saber.

112 - PRIMEIRA ORDEM - ESPÍRITOS PUROS

Nenhuma influência da matéria. Superioridade intelectual e moral absoluta, com relação aos Espíritos das outras ordens.

◄ 113 - *Primeira classe*. CLASSE ÚNICA

Espíritos que se despojaram de todas as impurezas da matéria. Tendo alcançado a soma de perfeição de que é suscetível a criatura, não têm mais que sofrer provas, nem expiações. Não estando mais sujeitos à reencarnação em corpos perecíveis, realizam a vida eterna no seio de Deus.

YVERDON, SUÍÇA.
17 DE DEZEMBRO DE 1815.
INSTITUTO PESTALOZZI.
SENTIREI MUITA SAUDADE DA ESCOLA, HIPPOLYTE!
AQUI, OS ALUNOS SÃO TRATADOS COM A DIGNIDADE DE FILHOS DE DEUS, COM COMPREENSÃO E LIBERDADE. O EDUCADOR RESPEITA O DISCÍPULO.
FRIEDRICH FRÖBEL
PERCEBES AGITAÇÃO NO PÁTIO?
QUE ACONTECEU, BONIFACE?
A TOSSE DA DONA ANNA PIOROU DURANTE A NOITE. "MAMÃE PESTALOZZI" FALECEU AGORA DE MANHÃ!
O PROFESSOR PESTALOZZI ESTÁ INCONSOLÁVEL E SE REUNIRÁ NA SALA DE CULTO COM OS ALUNOS!
...FELIZMENTE, O PROFESSOR É FERVOROSO CRENTE NO AMOR INFINITO DE DEUS E ACREDITA MESMO NUMA VIDA APÓS A MORTE!
EU SENTI ALI A DOR PROFUNDA DE PESTALOZZI, OUVINDO AS TRISTES LAMENTAÇÕES DESSA IRREMEDIÁVEL SEPARAÇÃO.

A ALMA

134 ~ *Que é a alma?*

~ Um Espírito encarnado.

134a ~ *Que era a alma antes de se unir ao corpo?*

~ Espírito.

149 ~ *Que sucede à alma no instante da morte?*

~ Volta a ser Espírito, isto é, volta ao mundo dos Espíritos, donde se apartara momentaneamente.

150b ~ *A alma nada leva consigo deste mundo?*

~ Nada, a não ser a lembrança e o desejo de ir para um mundo melhor, lembrança cheia de doçura ou de amargor, conforme o uso que ela fez da vida. Quanto mais pura for, melhor compreenderá a futilidade do que deixa na Terra.

154 ~ *É dolorosa a separação da alma e do corpo?*

~ Não, o corpo quase sempre sofre mais durante a vida do que no momento da morte, a alma nenhuma parte toma nisso. Os sofrimentos que algumas vezes se experimentam no instante da morte são um gozo para o Espírito, que vê chegar o termo do seu exílio.

159 ~ *Que sensação experimenta a alma no momento em que reconhece estar no mundo dos Espíritos?*

~ Depende. Se praticaste o mal, impelido pelo desejo de o praticar, no primeiro momento te sentirás envergonhado de o haveres praticado. Com a alma do justo as coisas se passam de modo bem diferente. Ela se sente como que aliviada de grande peso, pois que não teme nenhum olhar perscrutador.

160 ~ *O Espírito se encontra imediatamente com os que conheceu na Terra e que morreram antes dele?*

~ Sim, conforme à afeição que lhes votava e a que eles lhe consagravam. Muitas vezes aqueles seus conhecidos o vêm receber à entrada do mundo dos Espíritos e o ajudam a desligar-se das faixas da matéria. Encontra-se também com muitos dos que conheceu e perdeu de vista durante a sua vida terrena. Vê os que estão na erraticidade, como vê os encarnados e os vai visitar.

163 ~ *A alma tem consciência de si mesma imediatamente depois de deixar o corpo?*

~ Imediatamente não é bem o termo. A alma passa algum tempo em estado de perturbação.

ARMÓRICA, REGIÃO DA GÁLIA, SÉCULO 1 A.C.
O INIMIGO AVANÇA! SEU PODER É IMENSURÁVEL!

TODOS SEREMOS DIZIMADOS!
MAS HAVREI DE RETORNAR DO GWENVYD, EM UMA ERA DISTANTE, PARA ABRIR OS OLHOS E O CORAÇÃO DO HOMEM!

Salve para todo o sempre o mais venerado e iluminado dos Druidas!
Allan Kardec!
Eu voltarei...
voltarei...
voltarei...
voltarei...
YVERDON, SUÍÇA, 1817.
INSTITUTO PESTALOZZI.
Que sonho estranho!
Parecia tão real!

A REENCARNAÇÃO

166 ~ *Como pode a alma, que não alcançou a perfeição durante a vida corpórea, acabar de depurar-se?*
~ Sofrendo a prova de uma nova existência.

166b ~ *A alma passa então por muitas existências corporais?*
~ Sim, todos contamos muitas existências. Os que dizem o contrário pretendem manter-vos na ignorância em que eles próprios se encontram. Esse o desejo deles.

167 ~ *Qual é a finalidade da Reencarnação?*
~ Expiação, melhoramento progressivo da Humanidade. Sem isto, onde estaria a justiça?

173b ~ *Podemos voltar à Terra, após termos vivido em outros mundos?*

~ Sem dúvida. É possível que já tenhais vivido algures e na Terra.

199 ~ *Por que tão frequentemente a vida se interrompe na infância?*

~ Pode representar o complemento de existência interrompida antes do momento em que devera terminar, ou provação e expiação para os pais.

199a ~ *Que sucede ao Espírito de uma criança que morre pequenina?*

~ Recomeça outra existência.

200 ~ *Têm sexo os Espíritos?*

~ Não como o entendeis, pois que os sexos dependem da organização. Há entre eles amor e simpatia, mas baseados na concordância dos sentimentos.

201 ~ *Em nova existência, pode o Espírito que animou o corpo de um homem animar o de uma mulher e vice-versa?*

~ Sim. São os mesmos os Espíritos que animam homens e mulheres.

YVERDON, SUÍÇA, 1818.
INSTITUTO PESTALOZZI.
HIPPOLYTE REVELOU-SE UM DOS DISCÍPULOS MAIS FERVOROSOS NO INSTITUTO, MADAME.
É UM ALUNO NOTÁVEL, DOTADO DE INTELIGÊNCIA E APTIDÕES ESPECIAIS!
COM APENAS 14 ANOS JÁ ENSINA AOS SEUS CONDISCÍPULOS!
POSSUI GRANDE CULTURA CIENTÍFICA, CONHECE ALEMÃO, INGLÊS, ITALIANO, ESPANHOL, HOLANDÊS, LATIM, GREGO, GAULÊS E ALGUMAS LÍNGUAS NEOLATINAS!
TODO INCLINADO AO MÉTODO, À ORDEM E À DISCIPLINA MENTAL. AINDA É AMÁVEL, ESPIRITUOSO E MUITO BOM COMPANHEIRO!
MADAME RIVAIL, HIPPOLYTE JÁ É UM DOS MEUS MAIS EFICIENTES DISCÍPULOS E COLABORADORES!
PROFESSOR PESTALOZZI! MADAME RIVAIL VEIO PARA VER O BOLETIM DE CLASSIFICAÇÕES DE HIPPOLYTE!
MEU CARO PROFESSOR, TENHO A ABSOLUTA CONVICÇÃO DE QUE SEUS EXEMPLOS DE DEDICAÇÃO AO PRÓXIMO, PARA QUEM O AMOR É O FUNDAMENTO DA EDUCAÇÃO, NORTEARÃO PARA SEMPRE A VIDA DO MEU FILHO. E A CONVIVÊNCIA NESTE UNIVERSO HUMANO O MARCARÁ PARA SEMPRE!
Evaluations Bulletin
H.L.D.Rivail
HIPPOLYTE É INCRÍVEL! APRESENTA, DE FORMA INATA, UMA CULTURA ACIMA DA NORMAL, COM PRECISÃO E NITIDEZ. PARECERIA ATÉ QUE JÁ NASCEU COM ALGUNS CONHECIMENTOS!
MADAME RIVAIL, SEU FILHO ESTÁ, SEM DÚVIDA, DESTINADO A SER UM DOS GRANDES PENSADORES E REVOLUCIONÁRIOS DA NOSSA ERA!

IDEIAS INATAS

218 ~ *Encarnado, conserva o Espírito algum vestígio das percepções que teve e dos conhecimentos que adquiriu nas existências anteriores?*

~ Guarda vaga lembrança, que lhe dá o que se chama ideias inatas.

219 ~ *Qual a origem das faculdades extraordinárias dos indivíduos que, sem estudo prévio, parecem ter a intuição de certos conhecimentos, o das línguas, do cálculo, etc.?*

~ Lembrança do passado, progresso anterior da alma, mas de que ela não tem consciência. Donde queres que venham tais conhecimentos? O corpo muda, o Espírito não, embora troque de roupagem.

PARIS, AGOSTO DE 1855.
RESIDÊNCIA DE MADAME PLAINEMAISON.
RUE DE LA GRANGE-BATELIÈRE N° 18.

223 ~ *A alma reencarna logo depois de se haver separado do corpo?*
~ Algumas vezes reencarna imediatamente, porém de ordinário só o faz depois de intervalos mais ou menos longos. Nos mundos superiores, a reencarnação é quase sempre imediata.

224 ~ *Que é a alma no intervalo das encarnações?*
~ Espírito Errante, que aspira a novo destino, que espera.

224a ~ *Quanto podem durar esses intervalos?*
~ Desde algumas horas até alguns milhares de séculos. Cedo ou tarde, o Espírito terá que volver a uma existência apropriada a purificá-lo das máculas de suas existências precedentes.

228 ~ *Conservam os Espíritos suas paixões humanas?*

~ Com o invólucro imaterial os Espíritos elevados deixam as paixões más e só guardam as do bem. Quanto aos Espíritos Inferiores, esses as conservam, pois do contrário pertenceriam à primeira ordem.

231 ~ *São felizes ou desgraçados os Espíritos Errantes?*

~ Conforme seus méritos. Sofrem por efeito das paixões cuja essência conservaram, ou são felizes, de conformidade com o grau de desmaterialização a que hajam chegado. Na erraticidade, o Espírito percebe o que lhe falta para ser mais feliz e, desde então, procura os meios de alcançá-lo. Nem sempre, porém, lhe é permitido reencarnar como fora de seu agrado, representando isso, para ele, uma punição.

YVERDON, SUIÇA, 1818.
INSTITUTO PESTALOZZI.
PESTALOZZI ERA CRISTÃO, MAS NÃO ADOTARA OS DOGMAS DA IGREJA, SEMPRE FOI A FAVOR DA LIBERDADE DE CULTO.
NO INSTITUTO, FORMÁVAMOS UMA GRANDE FAMÍLIA UNIDA PELOS LAÇOS DE AMIZADE QUE O SADIO COMPANHEIRISMO GERARA. MAS EU JÁ OBSERVARA AS DIFERENÇAS RELIGIOSAS NOS ALUNOS. E NO PRÓPRIO CORPO DOCENTE...
GRAÇAS ÀS MINHAS APTIDÕES DE OBSERVAÇÃO E CLASSIFICAÇÃO, CONSEGUI TIRAR AS SEGUINTES CONCLUSÕES:
1- A RELAÇÃO DA HUMANIDADE COM A ESPIRITUALIDADE É A BASE DE TODAS AS RELIGIÕES.
2- TODAS ELAS TÊM EM COMUM A EXISTÊNCIA DE UM DEUS E DA VIDA APÓS A MORTE.
3- CADA UMA DIFERE DA OUTRA PELO CONTEÚDO METAFÍSICO: LENDAS, SÍMBOLOS E RITUAIS.
MAS AS DIVERGÊNCIAS ENTRE ALUNOS CATÓLICOS ROMANOS, ORTODOXOS, PROTESTANTES E GRUPOS MENORES DE OUTRAS RELIGIÕES LEVAVAM A SE DESENTENDEREM CADA VEZ MAIS SOBRE A INTERPRETAÇÃO DE TEXTOS SAGRADOS, A VALIDADE DOS DOGMAS E OUTRAS QUESTÕES.
PERCEBI QUE O CAMINHO PARA A PAZ UNIVERSAL ERA ATRAVÉS DE UMA REFORMA RELIGIOSA, COM O PROPÓSITO DA UNIFICAÇÃO DE TODAS AS CRENÇAS.
MAS AINDA ME FALTAVA O ELEMENTO INDISPENSÁVEL PARA A SOLUÇÃO DESSE GRANDE PROBLEMA.

PERCEPÇÕES, SENSAÇÕES E SOFRIMENTOS DOS ESPÍRITOS

237 ~ *Uma vez de volta ao mundo dos Espíritos, conserva a alma as percepções que tinha quando na Terra?*

~ Sim, além de outras de que aí não dispunha, porque o corpo, qual véu sobre elas lançado, as obscurecia.

238 ~ *São ilimitadas as percepções e os conhecimentos dos Espíritos? Numa palavra: eles sabem tudo?*

~ Quanto mais se aproximam da perfeição, tanto mais sabem. Se são Espíritos Superiores, sabem muito. Os Espíritos Inferiores são mais ou menos ignorantes acerca de tudo.

242 ~ *Os Espíritos têm conhecimento do passado?*

~ O passado, quando com ele nos ocupamos, é presente. Mas, nem tudo os Espíritos sabem, a começar pela sua própria criação.

243 ~ *E o futuro, os Espíritos o conhecem?*

~ Ainda isto depende da elevação que tenham conquistado. Muitas vezes, apenas o entreveem, porém nem sempre lhes é permitido revelá-lo.

244 ~ *Os Espíritos veem a Deus?*
~ Só os Espíritos Superiores. Os inferiores o sentem e adivinham.

244b ~ *Deus transmite diretamente a ordem ao Espírito, ou por intermédio de outros Espíritos?*
~ Para se comunicar com Deus, é necessário ser digno disso.

258 ~ *Antes de começar nova existência corporal, tem o Espírito consciência e previsão do que lhe sucederá no curso da vida terrena?*
~ Ele próprio escolhe o gênero de provas por que há de passar e nisso consiste o seu livre-arbítrio.

Yverdon, Suíça, 1819.

Minha boa Mãe:

Feliz comunico que realizo agora a honorável função de Submestre nos trabalhos acadêmicos, devendo, algumas vezes, substituir Pestalozzi na direção da escola. O professor realiza viagens pela Europa para criar outras instituições nos moldes de Yverdon e para divulgar sua inovadora metodologia de ensino.

Bem tu sabes que Pestalozzi reuniu um grupo de conceituados professores e o Instituto é frequentado por grande número de alunos estrangeiros, por isso é conhecido como "Escola do Universalismo". Aprendemos assim, na vivência escolar, a lição revolucionária da Fraternidade, da Igualdade e da Liberdade.

Línguas, culturas, tradições e hábitos diferentes se mostram aqui. Assim como diversos fanatismos, superstições e crendices...

Devemos lidar dia a dia com a diversidade. O Instituto recebe alunos de todas as culturas, colocando em prática os princípios que revolucionam a pedagogia e nos provendo de bons exemplos de conhecimento, moral e espiritualidade.
Continuo acreditando ser esse o rumo a tomar para a Solução Universal. Sinto no meu interior que estou no caminho certo, mas ainda não sei onde ele me conduz...

Teu muito amado filho, H.L.D.Rivail.

AS RELAÇÕES NO ALÉM-TÚMULO

274 ~ *Da existência de diferentes ordens de Espíritos, resulta para estes alguma hierarquia de poderes? Há entre eles subordinação e autoridade?*

~ Muito grande. Os Espíritos têm uns sobre os outros a autoridade correspondente ao grau de superioridade que hajam alcançado, autoridade que eles exercem por um ascendente moral irresistível.

275 ~ *O poder e a consideração de que um homem gozou na Terra lhe dão supremacia no mundo dos Espíritos?*

~ Não, pois que os pequenos serão elevados e os grandes rebaixados. Lê os Salmos.

277 ~ *O soldado que depois da batalha se encontra com o seu general, no mundo dos Espíritos, ainda o tem por seu superior?*
~ O título nada vale, a superioridade real é que tem valor.

279 ~ *Os Espíritos têm reciprocamente acesso aos diferentes grupos ou sociedades que eles formam?*
~ Os bons vão a toda parte, para que possam influir sobre os maus. As regiões que os bons habitam estão interditadas aos imperfeitos, a fim que não as perturbem com suas paixões inferiores.

285a ~ *Como é que os que se conheceram na Terra se reconhecem no mundo dos Espíritos?*
~ Vemos a nossa vida pretérita e lemos nela como em um livro. Vendo a dos nossos amigos e dos nossos inimigos, aí vemos a passagem deles da vida corporal à outra.

289 ~ *Nossos parentes e amigos costumam vir-nos ao encontro quando deixamos a Terra?*

~ Sim, os Espíritos vão ao encontro da alma a quem são afeiçoados. Felicitam-na, como se regressasse de uma viagem, por haver escapado aos perigos da estrada e ajudam-na a desprender-se dos liames corporais. É uma graça concedida aos bons Espíritos. Mas aquele que se acha maculado permanece em insulamento, ou só tem a rodeá-lo os que lhe são semelhantes. É uma punição.

295 ~ *Que sentimento anima, depois da morte, aqueles a quem fizemos mal neste mundo?*

~ Se são bons, eles vos perdoam, segundo o vosso arrependimento. Se maus, é possível que guardem ressentimento do mal que lhes fizestes e vos persigam até em outra existência.

Desde cedo adquiri o hábito de investigação e a liberdade de pensamento.
Minha predileção era por botânica, passando muitas vezes o dia inteiro entre as montanhas, andando muitos quilómetros, com uma carteira de costas, em busca de espécimes para o meu herbário.
SUÍÇA, 1819. CANTÃO DE VAUD. LAGO DE NEUCHÂTEL.
Está escurecendo. É melhor iniciar a volta para o Instituto!
Ora! Como é grande aquele carvalho!
Os Menires de Clendy! Como vim parar aqui?
Mas o que...?
Está chegando o momento duma religião única, bela e digna de Deus, dirigida pela "verdade".
Estou enjoado!! Devo retornar!
De repente tive uma sensação estranha!
De... déja-vu??

O LIVRO DOS ESPÍRITOS

PARTE II - DO MUNDO ESPÍRITA OU MUNDO DOS ESPÍRITOS

RECORDAÇÃO DA EXISTÊNCIA CORPÓREA

304 ~ *Lembra-se o Espírito da sua existência corporal?*

~ Lembra-se, tendo vivido muitas vezes na Terra, recorda-se do que foi como homem e eu te afirmo que frequentemente ri, penalizado de si mesmo.

309 ~ *Como considera o Espírito o corpo de que vem de separar-se?*

~ Como uma veste imprestável, que o embaraçava, sentindo-se feliz por estar livre dela.

320 ~ *Sensibiliza os Espíritos o lembrarem-se deles os que lhes foram caros na Terra?*

~ Muito mais do que podeis supor. Se são felizes, esse fato lhes aumenta a felicidade. Se são desgraçados, serve-lhes de lenitivo.

330 ~ *Sabem os Espíritos em que época reencarnarão?*

~ Pressentem-na, como sucede ao cego que se aproxima do fogo. Sabem que têm de retomar um corpo, como sabeis que tendes de morrer um dia, mas ignoram quando isso se dará.

335 ~ *Cabe ao Espírito a escolha do corpo em que encarne, ou somente a do gênero de vida que lhe sirva de prova?*

~ Pode também escolher o corpo, porquanto as imperfeições que este apresente ainda serão, para o Espírito, provas que lhe auxiliarão o progresso, se vencer os obstáculos que lhe oponha.

344 ~ *Em que momento a alma se une ao corpo?*

~ A união começa na concepção, mas só é completa por ocasião do nascimento. Desde o instante da concepção, o Espírito designado para habitar certo corpo, se liga por um laço fluídico, que cada vez mais se vai apertando até ao instante em que a criança vê a luz.

352 ~ *Imediatamente ao nascer recobra o Espírito a plenitude das suas faculdades?*

~ Não, elas se desenvolvem gradualmente com os órgãos. O Espírito se acha numa existência nova, preciso é que aprenda a servir-se dos instrumentos de que dispõe. As idéias lhe voltam pouco a pouco, como a uma pessoa que desperta e se vê em situação diversa da que ocupava na véspera.

361 ~ *Qual a origem das qualidades morais, boas ou más, do homem?*

~ São as do Espírito nele encarnado. Quanto mais puro é esse Espírito, tanto mais propenso ao bem é o homem.

362 ~ *Qual o caráter dos indivíduos em que encarnam Espíritos desassisados e levianos?*

~ São indivíduos estúrdios, maliciosos e, não raro, criaturas malfazejas.

364 ~ *O mesmo Espírito dá ao homem as qualidades morais e as da inteligência?*

~ Certamente e isso em virtude do grau de adiantamento a que se haja elevado. O homem não tem em si dois Espíritos.

376 ~ *Por que razão a loucura leva o homem, algumas vezes, ao suicídio?*

~ O Espírito sofre pelo constrangimento em que se acha e pela impossibilidade em que se vê de manifestar-se livremente, donde o procurar na morte um meio de quebrar seus grilhões.

379 ~ *É tão desenvolvido, quanto o de um adulto, o Espírito que anima o corpo de uma criança?*

~ Pode até ser mais, se mais progrediu. Apenas a imperfeição dos órgãos infantis o impede de se manifestar. Obra de conformidade com o instrumento de que dispõe.

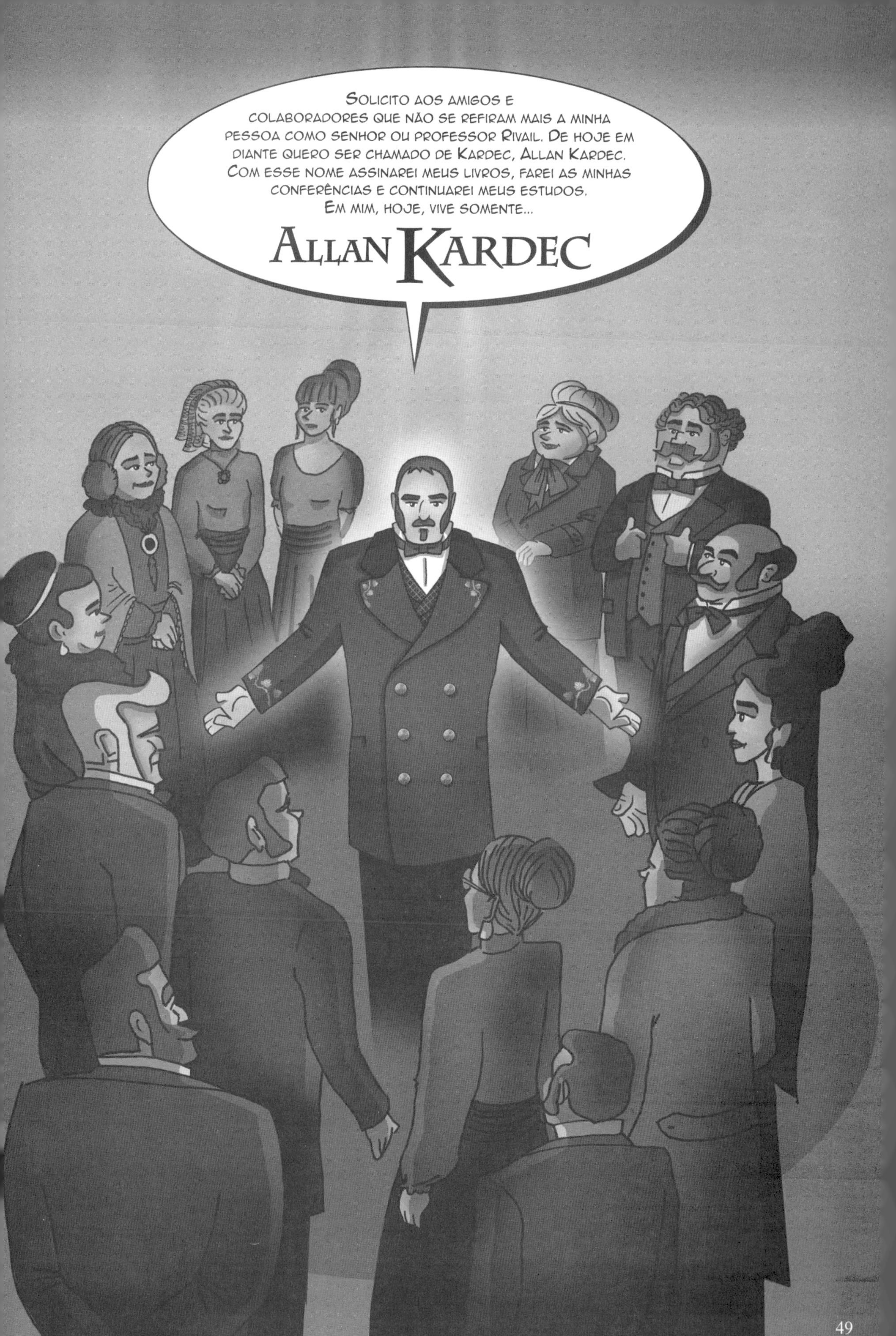
Solicito aos amigos e colaboradores que não se refiram mais a minha pessoa como senhor ou professor Rivail. De hoje em diante quero ser chamado de Kardec, Allan Kardec. Com esse nome assinarei meus livros, farei as minhas conferências e continuarei meus estudos. Em mim, hoje, vive somente...
Allan Kardec

YVERDON, SUÍÇA, 1821.
INSTITUTO PESTALOZZI.
AS FAMÍLIAS ABASTADAS NÃO VIAM COM BONS OLHOS A MISTURA DE ALUNOS POBRES E RICOS, RETIRAVAM SEUS FILHOS DA ESCOLA E SURGIAM ASSIM DIVERSOS EMBARAÇOS FINANCEIROS.
O PROFESSOR PESTALOZZI, IDOSO E ESGOTADO, PROVIDENCIOU O FECHAMENTO DO FAMOSO INSTITUTO EM DECORRÊNCIA DOS INCONTÁVEIS SOFRIMENTOS MORAIS POR QUE ATRAVESSAVA.
EU, COM A MINHA EXPERIÊNCIA DE MAGISTÉRIO E BACHAREL EM CIÊNCIAS E LETRAS, DECIDI INICIAR A MINHA CARREIRA EM PARIS.
MEU CARO HIPPOLYTE!
PENSOU QUE EU NÃO VIESSE ME DESPEDIR DO SENHOR?
SABIA QUE VOCÊ NÃO SERIA CAPAZ DE TAL DESCORTESIA!
QUE IRONIA! EU QUE ESCREVI TANTOS TRATADOS ESTABELECENDO CRITÉRIOS SOBRE A MATURIDADE HUMANA, CÁ ESTOU, CABISBAIXO, TRISTE E INCONFORMADO, POR PERDER O MEU ALUNO MAIS BRILHANTE!
PARECE QUE FOI ONTEM QUE VOCÊ, UM MENINO CURIOSO E SEDENTO DE SABER, ENTRAVA PELOS PORTÕES DE NOSSO CASTELO...
MAS "TUDO QUE É BOM, FELIZ, HARMONIOSO E BELO, UM DIA TEM QUE CHEGAR AO FIM".
QUEM DISSE ISSO? VOLTAIRE?
NÃO. FOI ENRICO, O COZINHEIRO, QUANDO PEDI QUE ME SERVISSE UM POUCO MAIS DE MACARRONADA!
HA, HA, HAA AH, PROFESSOR!
ADEUS, HIPPOLYTE! ATÉ UM DIA! TENHO CERTEZA DE QUE O MUNDO IRÁ OUVIR FALAR MUITO DE VOCÊ!
ESPERO QUE BEM, PROFESSOR!
TENHO CERTEZA QUE SIM! MUITO BEM!
E LEVEI COMIGO, NA MINHA INTIMIDADE, AS LIÇÕES INESQUECÍVEIS DESSE GRANDE EDUCADOR, CUJA INFLUÊNCIA MORAL JAMAIS DEIXARIA DE ME INSPIRAR DURANTE TODA A MINHA VIDA.

SIMPATIA E ANTIPATIA TERRENAS

386 ~ *Podem dois seres, que se conheceram e estimaram, encontrar-se em outra existência corporal e reconhecer-se?*

~ Reconhecer-se não. Podem, porém, sentir-se atraídos um para o outro. E, frequentemente, diversa não é a causa de íntimas ligações fundadas em sincera afeição. Na realidade é a atração de dois Espíritos, que se buscam reciprocamente.

392 ~ *Por que perde o Espírito encarnado a lembrança do seu passado?*

~ Não pode o homem, nem deve, saber tudo. Deus assim o quer em sua infinita sabedoria.

395 ~ *Podemos ter algumas revelações a respeito de nossas vidas anteriores?*

~ Nem sempre. Contudo, muitos sabem o que foram e o que faziam. Se se lhes permitisse dizê-lo abertamente, extraordinárias revelações fariam sobre o passado.

400 ~ *O Espírito encarnado permanece de bom grado no seu envoltório corporal?*

~ É como se perguntasses se ao encarcerado agrada o cárcere. O Espírito encarnado aspira constantemente à sua libertação e tanto mais deseja ver-se livre do seu invólucro.

401 ~ *Durante o sono, a alma repousa como o corpo?*
~ Não, o Espírito jamais está inativo. Durante o sono, afrouxam-se os laços que o prendem ao corpo e entra em relação mais direta com os outros Espíritos.

425 ~ *O sonambulismo natural tem alguma relação com os sonhos? Como explicá-lo?*
~ É um estado de independência do Espírito, mais completo do que no sonho, estado em que maior amplitude adquirem suas faculdades. A alma tem então percepções de que não dispõe no sonho, que é um estado de sonambulismo imperfeito.

FRANÇA,
1822.
PRÓXIMA PARADA:
PARIS!

DEPOIS DE ME ISENTAR DO SERVIÇO MILITAR, FINALMENTE CHEGO À CIDADE-LUZ.
PARIS, O MAIOR CENTRO CULTURAL DO SÉCULO.
CAPITAL DA CIÊNCIA, DA ARTE E DO PROGRESSO DA HUMANIDADE.

MINHA PRIMEIRA RESIDÊNCIA FOI NA RUE DE LA HARPE 117.
EXERCI O MAGISTÉRIO TRADUZINDO OBRAS INGLESAS E ALEMÃS.
EM 1825, COMECEI A DIRIGIR UMA ESCOLA DE PRIMEIRO GRAU, MAS NÃO SOBREVIVEU POR MUITO TEMPO À FORTE CONCORRÊNCIA DAS ESCOLAS CONGREGANISTAS.
COURS
Pratique et Théorique
D'ARITHMÉTIQUE,
D'APRÈS LA MÉTHODE DE PESTALOZZI,
PAR H. L. D. RIVAIL.
EM 1823, PUBLIQUEI MEU PRIMEIRO LIVRO DIDÁTICO, "CURSO PRÁTICO E TEÓRICO DA ARITMÉTICA", EM DOIS TOMOS, CONCEBIDO SEGUNDO O MÉTODO PESTALOZZI.
ESTAVA COM A ÍNTIMA SENSAÇÃO QUE EU NÃO HAVIA ENCONTRADO AINDA A MINHA VERDADEIRA RAZÃO DE EXISTIR.

O LIVRO DOS ESPÍRITOS

PARTE II - DO MUNDO ESPÍRITA OU MUNDO DOS ESPÍRITOS

DA INTERVENÇÃO DOS ESPÍRITOS NO MUNDO CORPORAL

459 ~ *Influem os Espíritos em nossos pensamentos e em nossos atos?*
~ Muito mais do que imaginais. Influem a tal ponto que, de ordinário, são eles que vos dirigem.

464 ~ *Como distinguirmos se um pensamento sugerido procede de um bom Espírito ou de um Espírito mau?*
~ Estudai o caso. Os bons Espíritos só para o bem aconselham. Compete-vos discernir.

465 ~ *Com que fim os Espíritos imperfeitos nos induzem ao mal?*
~ Para que sofrais como eles sofrem.

465a ~ *Isso lhes diminui os sofrimentos?*
~ Não, mas fazem-no por inveja, não suportam que haja seres felizes.

465b ~ *De que natureza é o sofrimento que procuram infligir aos outros?*
~ Os que resultam de ser de ordem inferior à criatura.

PARIS, 1826.
CHAMPS-ÉLYSÉES.
SHOW DE MAGIA, ILUSIONISMO, OCULTISMO...
Le Grand LACAZE
ESSE É O NEGÓCIO QUE DÁ DINHEIRO HOJE NA FRANÇA, HIPPOLYTE! ALIÁS, ESTÁ VIRANDO SENSAÇÃO NO MUNDO INTEIRO!
DESCULPE, TIO, MAS A MINHA PROPOSTA É PARA FUNDAR UM EDUCANDÁRIO, UTILIZANDO O MÉTODO DO PROFESSOR PESTALOZZI.
LUTAR PELA DEMOCRATIZAÇÃO DO ENSINO PÚBLICO. POR UM SISTEMA DE ESTUDOS EM HARMONIA COM AS NECESSIDADES ATUAIS.
A ATRAÇÃO PELA MAGIA NÃO PASSA DE FÚTIL DIVERTIMENTO!
UFF... ESTÁ BEM, HIPPOLYTE! CONTINUAREMOS COM O PROJETO DO EDUCANDÁRIO!

Ora, ora! Meus amigos do pôker já estão me aguardando ali na esquina!
Au revoir, tio!
Mmm, François! Quem é esse pedaço de mau-caminho?
É o meu sobrinho Hippolyte! Eu e ele vamos fundar uma escola aqui em Paris. ...E eu serei o vice-diretor!
Eu sabia que não devia me deixar influenciar pelo tio François.
... E eu não tinha interesse pelos mistérios da magia.
Eram os mistérios da ciência que me fascinavam.
Société du Magnétisme
Tive minha curiosidade despertada pelo Magnetismo Animal.
Mesmer, Barão du Potet, Millet, Marquês de Puysegur, D'Eslon, Deleuze. Grandes magnetizadores que tinham chegado à descoberta do sonambulismo provocado.
Franz Mesmer
Infelizmente, naqueles tempos de exagerado racionalismo científico, a exploração dos fenômenos do magnetismo nos palcos parisienses, misturada a truques de magia, davam-lhe características de charlatanismo e ocultismo.

DA INTERVENÇÃO DOS ESPÍRITOS NO MUNDO CORPORAL

467 ~ *Pode o homem eximir-se da influência dos Espíritos que procuram arrastá-lo ao mal?*

~ Pode, visto que tais Espíritos só se apegam aos que, pelos seus desejos, os chamam, ou aos que, pelos seus pensamentos, os atraem.

469 ~ *Por que meio podemos neutralizar a influência dos maus Espíritos?*

~ Praticando o bem e pondo em Deus toda a vossa confiança. Guardai-vos de atender sugestões que vos suscitam maus pensamentos. Jesus, na oração, vos ensinou a dizer:

"Senhor, não nos deixes cair em tentação, mas livra-nos do mal."

471 ~ *Quando experimentamos uma sensação de angústia, de ansiedade indefinível, ou de íntima satisfação, sem que lhe conheçamos a causa, devemos atribuí-la unicamente a uma disposição física?*

~ É quase sempre efeito das comunicações em que inconscientemente entrais com os Espíritos, ou da que com eles tivestes durante o sono.

POSSESSOS

473 ~ *Pode um Espírito tomar temporariamente o invólucro corporal de uma pessoa viva, isto é, introduzir-se num corpo animado e obrar em lugar do outro que se acha encarnado neste corpo?*

~ O Espírito não entra em um corpo como entras numa casa. Identifica-se com um Espírito encarnado, cujos defeitos e qualidades sejam os mesmos que os seus, a fim de obrar conjuntamente com ele. Mas, o encarnado é sempre quem atua, conforme quer, sobre a matéria de que se acha revestido. Um Espírito não pode substituir-se ao que está encarnado.

477 ~ *As fórmulas de exorcismo têm qualquer eficácia sobre os maus Espíritos?*

~ Não. Estes últimos riem e se obstinam, quando veem alguém tomar isso a sério.

478 ~ *Há pessoas de boas intenções que não deixam de ser obsidiadas. Qual o melhor meio de livrar-nos dos obsessores?*

~ Cansar-lhes a paciência, nenhum valor lhes dar às sugestões, mostrar-lhes que perdem o tempo. Em vendo que nada conseguem, afastam-se.

PARIS, 1830.
MEU TIO, FRANÇOIS DUHAMEL, TINHA SE TORNADO MEU SÓCIO E INAUGURAMOS, EM 1826, O INSTITUTO TÉCNICO RIVAIL, NA RUE DE SÈVRES 35. EU RESIDIA À RUE DE VAUGIRARD 65.
INSTITUTION RIVAIL
COMECEI A GOZAR DE CERTO PRESTÍGIO ENTRE A ELITE INTELECTUAL PARISIENSE E TINHA FIRMADO A MINHA REPUTAÇÃO DE PROFESSOR E EDUCADOR.
EM FEVEREIRO DE 1827 RECEBI A TRISTE NOTÍCIA DE QUE MEU QUERIDO PROFESSOR PESTALOZZI HAVIA DESENCARNADO NA BÉLGICA. NO ANO SEGUINTE PUBLIQUEI "PLANO PROPOSTO PARA MELHORAMENTO DA EDUCAÇÃO PÚBLICA", DEFENDENDO O TRATAMENTO DE CIÊNCIA PARA A PEDAGOGIA E CONDENANDO OS CASTIGOS CORPORAIS.
PLAN
BOM DIA, MADAME MUSSET! MEU TIO CHEGOU?
ELE AVISOU QUE SE AUSENTARÁ A SEMANA TODA. VIAJOU PARA AIX-LA-CHAPELLE!
OS ALUNOS ORGANIZARAM UM ENCONTRO LITERÁRIO REUNINDO PROFESSORES, ARTISTAS E INTELECTUAIS DE PARIS. ELES FAZEM QUESTÃO QUE O SENHOR ASSISTA.
CERTAMENTE!
Première Réunion de la Poésie
GOSTARIA DE LHE APRESENTAR O DR. JULIEN-LOUIS BOUDET, NOTÓRIO TABELIÃO DA CIDADE!
MUITO PRAZER!
ENCHANTÉ, PROFESSEUR!
E AGORA APRESENTAREMOS NOSSA ILUSTRE CONVIDADA, MADEMOISELLE BOUDET!
ORA! É A VEZ DA MINHA FILHA GABI! ELA É ESCRITORA E POETISA!
BONJOUR, ALUNOS! RECITAREI ALGUNS POEMAS DO MEU LIVRO "CONTOS PRIMAVERIS".
AMÉLIE-GABRIELLE BOUDET
ELA TAMBÉM É PROFESSORA, DIPLOMADA EM PRIMEIRA CLASSE, FORMADA NA ESCOLA NORMAL LEIGA!
... PESTALOZZIANA!
QUANDO A VI... EU, HIPPOLYTE RIVAIL, POSSUIDOR DE NOTÁVEIS CONHECIMENTOS LINGUÍSTICOS, TRADUTOR DE DIVERSOS IDIOMAS E ESTUDIOSO DE GRAMÁTICA CLÁSSICA FRANCESA...
...FIQUEI SEM PALAVRAS!

O LIVRO DOS ESPÍRITOS

PARTE II - DO MUNDO ESPÍRITA OU MUNDO DOS ESPÍRITOS

DA INTERVENÇÃO DOS ESPÍRITOS NO MUNDO CORPORAL

484 ~ *Os Espíritos se afeiçoam de preferência a certas pessoas?*

~ Os bons Espíritos simpatizam com os homens de bem. Os Espíritos inferiores com os homens viciosos.

489 ~*Há Espíritos que se liguem a um indivíduo para protegê-lo?*

~ Há o irmão espiritual, que chamais bom Espírito ou bom gênio.

490 ~ *Que se deve entender por anjo de guarda ou anjo guardião?*

~ O Espírito protetor, pertencente a uma ordem elevada.

491 ~ *Qual a missão do Espírito protetor?*

~ A de um pai com relação aos filhos. A de guiar o seu protegido.

506 ~ *Na vida espírita, reconheceremos o nosso Espírito protetor?*

~ Decerto, pois não é raro que o tenhais conhecido antes de encarnardes.

PRESSENTIMENTOS

522 ~ *O pressentimento é sempre um aviso do Espírito Protetor?*
~ É o conselho íntimo e oculto de um Espírito que vos quer bem. É a voz do instinto. Antes de encarnar, tem o Espírito conhecimento das fases principais de sua existência, isto é, do gênero das provas a que se submete.

INFLUÊNCIA DOS ESPÍRITOS NOS ACONTECIMENTOS DA VIDA

525 ~ *Exercem os Espíritos influência nos acontecimentos da nossa vida?*
~ Certamente vos aconselham.

AÇÃO DOS ESPÍRITOS NOS FENÔMENOS DA NATUREZA

536 ~ *São devidos a causas fortuitas, ou, ao contrário, têm todos um fim providencial, os grandes fenômenos da Natureza, os que se consideram como perturbação dos elementos?*
~ Tudo tem uma razão de ser e nada acontece sem a permissão de Deus.

539 ~ *A produção de certos fenômenos, das tempestades, por exemplo, é obra de um só Espírito, ou muitos se reúnem, formando grandes massas, para produzi-los?*
~ Reúnem-se em massas inumeráveis.

PODER OCULTO. TALISMÃS. FEITICEIROS

551 ~ *Pode um homem mau, com o auxílio de um mau Espírito, fazer mal ao seu próximo?*

~ Não. Deus não o permitiria.

556 ~ *Têm algumas pessoas, verdadeiramente, o poder de curar pelo simples contacto?*

~ A força magnética pode chegar até aí, quando secundada pela pureza dos sentimentos e por um ardente desejo de fazer o bem, porque então os bons Espíritos lhe vêm em auxílio. Importa desconfiar também das narrativas interesseiras.

DAS OCUPAÇÕES E MISSÕES DOS ESPÍRITOS

559 ~ *Também desempenham função útil no Universo os Espíritos inferiores ou imperfeitos?*

~ Todos têm deveres a cumprir. Para a construção de um edifício, não concorre tanto o último dos serventes de pedreiro, como o arquiteto?

565 ~ *Atentam os Espíritos em nossos trabalhos de arte e por eles se interessam?*

~ Atentam no que prove a elevação dos Espíritos e seus progressos.

567 ~ *Costumam os Espíritos se imiscuir em nossos prazeres e ocupações?*
~ Os Espíritos vulgares, como dizes, costumam. Esses vos rodeiam constantemente e tomam parte muito ativa no que fazeis, de conformidade com suas naturezas.

568 ~ *Os Espíritos que têm missões a cumprir, as cumprem na erraticidade ou encarnados?*
~ Podem tê-las num e noutro estado. Para certos Espíritos errantes, é uma grande ocupação.

571 ~ *Só os Espíritos elevados desempenham missões?*
~ A importância das missões corresponde às capacidades e à elevação do Espírito. O estafeta que leva um telegrama também desempenha uma perfeita missão, se bem que diversa da de um General.

572 ~ *A missão de um Espírito lhe é imposta, ou depende da sua vontade?*
~ Ele a pede e ditoso se considera se a obtém.

572a ~ *Pode uma igual missão ser pedida por muitos Espíritos?*
~ Sim, é frequente apresentarem-se muitos candidatos, mas nem todos são aceitos.

578 ~ *Poderá o Espírito, por própria culpa, falir na sua missão?*
~ Sim, se não for um Espírito Superior.

578a ~ *Que consequências lhe advirão da sua falência?*
~ Terá que retomar a tarefa, e sofrerá as consequências do mal que haja causado.

580 ~ *O Espírito, que encarna para desempenhar determinada missão, tem apreensões idênticas às de outro que o faz por provação?*
~ Não, porque traz a experiência adquirida.

PARÍS, 1831.
INSTITUTO TÉCNICO RIVAIL.
NESSE ANO PUBLIQUEI "GRAMÁTICA FRANCESA CLÁSSICA" E FUI VENCEDOR DO CONCURSO DA ACADEMIA REAL DE CIÊNCIAS ARRÁS, COM O TRABALHO "QUAL O SISTEMA DE ESTUDO EM HARMONIA COM AS NECESSIDADES DA ÉPOCA?".
MADAME MUSSET! A EDITORA ENTREGOU MAIS EXEMPLARES DE "TELÊMACO", DE FÉNELON, QUE O PROFESSOR RIVAIL TRADUZIU PARA O ALEMÃO!
OBRIGADA, AMÉLIE! DEIXAREI NA ESCRIVANINHA, POIS NO MOMENTO ELE ENCONTRA-SE EM AULA DE HISTÓRIA!
... E FOI NO ANO 53 ANTES DE CRISTO QUE O IMPERADOR JÚLIO CÉSAR INICIOU A CONQUISTA DA GABI... ?? OPS! QUER DIZER... DA GÁLIA!...
DEVIDO ÀS CONSTANTES AUSÊNCIAS DO MEU TIO FRANÇOIS, A PROFESSORA AMÉLIE BOUDET COMEÇOU A ME AUXILIAR NO TRABALHO DO EDUCANDÁRIO.
... PERDÃO, ALUNOS! SÓ UM MINUTINHO!
ELA ERA INTELIGENTE E VIVAZ. SEU SORRISO MUITO ATRAENTE. LECIONAVA POR PRAZER, JÁ QUE NÃO PRECISAVA TRABALHAR PARA SOBREVIVER.
SENHORITA AMÉLIE!
SE CONCORDAR, PODEMOS NOS REUNIR À TARDE PARA CORRIGIR AS REDAÇÕES!
CLARO, PROFESSOR! SERÁ UM PRAZER!
ERA PROFESSORA DE LETRAS E BELAS ARTES, TAMBÉM POETISA E ARTISTA PLÁSTICA, COM PRODUÇÃO DE BELAS OBRAS ARTÍSTICAS.
SEUS LIVROS: "CONTOS PRIMAVERIS", 1825, "NOÇÕES DE DESENHO", 1826 E "O ESSENCIAL EM BELAS ARTES", 1828.
DESCENDIA, PELO RAMO MATERNO, DE PESSOAS GRADAS E, PELO LADO PATERNO, DE RENOMADOS INTELECTUAIS.
ÀS VEZES, TENHO A SENSAÇÃO DE QUE A CONHEÇO DE OUTRO LUGAR...
DESCULPEM, ONDE ESTAVA? AH, SIM! ... NA ÉPOCA, VERCINGETORIX ERA O GRANDE CHEFE CELTA...
QUE LIDEROU A REVOLTA GAULESA!
DE OUTRO TEMPO...

De outra vida?
SÍTIO DE GERGÓVIA, ANO 53 A.C.
SPQR
O que é isso?
Um troféu trazido da batalha em teu louvor!
Um coração humano!!
Sim! Eu mesmo o arranquei!
Mas, tu és um sacerdote! Não um guerreiro!
Nossos homens estão morrendo! Todos somos obrigados a lutar! O coração em minhas mãos ainda pulsa!
Os deuses podem reprovar o que fizeste!
AARGHH!!
Professor! O que o senhor tem?
Aah! ... Eu nao consigo respirar!
... Uma fisgada no peito!
Chamem o Doutor Brethon!
Não, por favor! Está tudo bem!
... Está tudo bem!
Por um instante senti uma sensação familiar...
De outra vida?

PARIS, 24 DE MARÇO DE 1856.
8
MORÁVAMOS, NAQUELA ÉPOCA, NA RUE DES MARTYRS 8, NO SEGUNDO ANDAR AO FUNDO, À ESPERA DA NOSSA CASA PRÓPRIA, NA VILLA DE SÉGUR, INVALIDES, AINDA EM CONSTRUÇÃO.
UMA NOITE, ESTANDO NO MEU GABINETE A TRABALHAR, PEQUENAS PANCADAS SE FIZERAM OUVIR NA PAREDE QUE ME SEPARAVA DO APOSENTO VIZINHO. ELAS SE REPETIAM MAIS FORTES, MUDANDO DE LUGAR. PROCEDI A UMA EXPLORAÇÃO MINUCIOSA PARA VERIFICAR SE PROVINHAM DO OUTRO PAVIMENTO E NADA DESCOBRI. O QUE HAVIA DE SINGULAR ERA QUE, CADA VEZ QUE EU ME PUNHA A INVESTIGAR, O RUÍDO CESSAVA, PARA RECOMEÇAR LOGO QUE EU RETOMAVA O TRABALHO.

CARACTERES DA LEI NATURAL

614 ~ *Que se deve entender por lei natural?*
~ A lei natural é a Lei de Deus.
É a única verdadeira para a felicidade do Homem. Indica-lhe o que deve fazer e ele só é infeliz quando dela se afasta.

615 ~ *É eterna a Lei de Deus?*
~ Eterna e imutável, como o próprio Deus.

616 ~ *Será possível que Deus em certa época haja prescrito aos homens o que em outra época lhes proibiu?*
~ Deus não se engana. Os homens é que são obrigados a modificar suas leis, por imperfeitas. As de Deus são perfeitas.

618 ~ *São as mesmas, para todos os mundos, as Leis Divinas?*
~ A razão está a dizer que devem ser apropriadas à natureza de cada mundo e adequadas ao grau de progresso dos seres que os habitam.

619 ~ *A todos os homens facultou Deus os meios de conhecerem sua Lei?*
~ Todos podem conhecê-la, mas nem todos a compreendem. Os homens de bem e os que se decidem a investigá-la são os que a compreendem. Todos, entretanto, a compreenderão um dia, porquanto forçoso é que o progresso se efetue.

621 ~ *Onde está escrita a Lei de Deus?*
~ Na consciência.

625 ~ *Qual o tipo mais perfeito que Deus tem oferecido ao Homem, para lhe servir de guia e modelo?*

~ JESUS.

Allan Kardec? Sou teu Espírito Familiar.
Com que fim fostes bater daquele modo?
Queria comunicar-me contigo.
Meu Espírito Familiar, consentirás em dizer-me quem és?
Poderás me chamar de VERDADE e todos os meses, aqui, durante um quarto de hora, estarei à tua disposição.
ESPÍRITO DA VERDADE
Ontem, quando bateste, tinhas alguma coisa de particular a dizer-me?
O que eu tinha a dizer-te era sobre o trabalho a que te aplicavas. Desagradou-me o que escrevias e quis fazer que o abandonasses!
A tua desaprovação era referente ao capítulo que eu escrevia ou ao conjunto do trabalho?
Ao capítulo de ontem. Submeto-o ao teu juízo. Relê da 3ª à 30ª linha e com um grave erro depararás.
O nome VERDADE, que adotaste, constitui uma alusão à verdade que eu procuro?
Talvez. Serei para ti um guia, que te protegerá e ajudará.
Terás animado na Terra alguma personagem conhecida?
Já te disse que, para ti, sou a VERDADE! E isso basta!
PARIS, 25 DE MARÇO DE 1856.
RESIDÊNCIA DO SR. BAUDIN.
MÉDIUM: SRTA. BAUDIN.
MEU GUIA ESPIRITUAL.

PARIS, 1831,
ÎLE DE LA CITÉ.
Obrigado, Justine!
De nada, professor!
Bonjour, Professor! Estou atrasada?
De forma alguma, Senhorita Amélie! Chegou bem no horário!
Então? Recebeu a minha carta? Pensou calmamente na minha proposta?
Mas o senhor mal me conhece, Professor Rivail!
Me chame apenas de Hippolyte, por favor!
Certo, Hippolyte! Bem, isso é um passo muito sério! Tenho família, pai...
Eu não poderia de um momento para o outro...
Se casar!?
Sim! E além disso há um problema!

Problema? Que problema, Amélie?
Um "pormenor", seria mais acertado dizer!
Pormenor? Estou curioso!
Grand succès sur les Champs Elysées
Folies de l'Au-Delà
Occultisme, Communication avec l'Autre Monde
Salle Lacaze
Eu sou muito mais velha que você! Entre nós há uma diferença de nove anos!!
Admito que nutro por você uma grande admiração... Mas são nove anos de diferença!! Já pensou no que toda Paris vai dizer? Vai pensar?
Eu não me importo absolutamente com isso! O que são nove anos diante deste universo imenso? Deste mistério infinito que nós chamamos de tempo? E que importância tem para mim ou para você a opinião da hipócrita sociedade de Paris?
Estou confusa!
Quando eu a conheci, naquele belíssimo encontro literário, eu vi em você a única companheira que um dia eu poderia ter!
Fico lisonjeada!
Peça então a minha mão! E poderemos ser felizes! Muito felizes! Para todo o sempre!
Mas que boa notícia, Amélie! Pedirei à minha mãe que escreva para seu pai imediatamente!!
Naquele momento eu soube que nos tornaríamos companheiros do ideal e enfrentaríamos juntos as duras provas da vida. Pois independentemente de idade ou condição social, Gabi, como carinhosamente passei a chamá-la, tinha, antes de tudo, os meus valores morais, orientados para o trabalho, a solidariedade e a tolerância, baseados nos exemplos recebidos do nosso Mestre Pestalozzi.

DA LEI DIVINA OU NATURAL

629 ~ *Que definição se pode dar da moral?*

~ A moral é a regra de bem proceder, isto é, de distinguir o bem do mal. Funda-se na observância da Lei de Deus. O homem procede bem quando tudo faz pelo bem de todos, porque então cumpre a Lei de Deus.

630 ~ *Como se pode distinguir o bem do mal?*

~ O bem é tudo o que é conforme à Lei de Deus. O mal, tudo o que lhe é contrário.

636 ~ *São absolutos para todos os homens o bem e o mal?*

~ A Lei de Deus é a mesma para todos, porém, o mal depende principalmente da vontade que se tenha de o praticar. O bem é sempre o bem e o mal sempre o mal, qualquer que seja a posição do homem. Diferença só há quanto ao grau da responsabilidade.

647 ~ *A Lei de Deus se acha contida toda no preceito do amor ao próximo, ensinado por Jesus?*

~ Certamente esse preceito encerra todos os deveres dos homens uns para com os outros.

649 ~ *Em que consiste a adoração?*

~ Na elevação do pensamento a Deus. Deste, pela adoração, aproxima o homem sua alma.

654 ~ *Tem Deus preferência pelos que o adoram desta ou daquela maneira?*

~ Deus prefere os que o adoram do fundo do coração, com sinceridade, fazendo o bem e evitando o mal. É hipócrita aquele cuja piedade se cifra nos atos exteriores.

656 ~ *À adoração individual será preferível a adoração em comum?*

~ Reunidos pela comunhão dos pensamentos e dos sentimentos, mais força têm os homens para atrair a si os bons Espíritos.

674 ~ *A necessidade do trabalho é lei da Natureza?*

~ O trabalho é lei da Natureza, por isso mesmo que constitui uma necessidade, e a civilização obriga o homem a trabalhar mais, porque lhe aumenta as necessidades e os gozos.

675 ~ *Por trabalho só se devem entender as ocupações materiais?*

~ Não, o Espírito trabalha, assim como o corpo. Toda ocupação útil é trabalho.

683 ~ *Qual o limite do trabalho?*

~ O das forças. Em suma, a esse respeito Deus deixa inteiramente livre o homem.

PARIS, 9 DE FEVEREIRO DE 1832.
NESSA QUINTA-FEIRA MEMORÁVEL, EU, HIPPOLYTE LÉON DENIZARD RIVAIL, NASCIDO EM LYON, DE 27 ANOS, DIRETOR DE UMA INSTITUIÇÃO DE ENSINO, DESPOSEI MADEMOISELLE AMÉLIE-GABRIELLE BOUDET, NASCIDA EM PARIS, DE 37 ANOS, PROFESSORA PRIMÁRIA.
FRANÇOIS DUHAMEL
MME. JEANNE RIVAIL
H. L. D. RIVAIL
MADAME RIVAIL
JULIEN-LOUIS BOUDET
JULIE-LOUISE SEIGNEAT DE LACOMBE
ENTÃO, PASSAMOS A MORAR NO INSTITUTO TÉCNICO RIVAIL, JUNTO COM A MINHA MÃE E MEU TIO FRANÇOIS. EU E GABI FORMAMOS UMA EXCELENTE DUPLA. DESDE SEMPRE ME AUXILIOU NA ORIENTAÇÃO DE TODAS AS MINHAS ATIVIDADES. E MESMO COM SUA EXCELENTE CONDIÇÃO FINANCEIRA E OS RECURSOS DO PAI, GABI VIVERIA SEMPRE AO MEU LADO DE FORMA SIMPLES.

O LIVRO DOS ESPÍRITOS

PARTE III - DAS LEIS MORAIS

DA LEI DA REPRODUÇÃO

CASAMENTO E CELIBATO

695 ~ *Será contrário à lei da Natureza o casamento, isto é, a união permanente de dois seres?*
~ É um progresso na marcha da Humanidade.

696 ~ *Que efeito teria sobre a sociedade humana a abolição do casamento?*
~ Seria uma regressão à vida dos animais.

698 ~ *O celibato voluntário representa um estado de perfeição meritório aos olhos de Deus?*
~ Não, e os que assim vivem, por egoísmo, desagradam a Deus e enganam o mundo.

700 ~ *A igualdade numérica, que existe entre os sexos, constitui indício da proporção em que devam unir-se?*
~ Sim, porquanto tudo na Natureza, tem um fim.

INSTINTO DE CONSERVAÇÃO

702 ~ *É lei da Natureza o instinto de conservação?*

~ Sem dúvida. Todos os seres vivos o possuem, qualquer que seja o grau de sua inteligência. Em uns é puramente maquinal. Em outros, raciocinado.

GOZO DOS BENS TERRENOS

711 ~ *O uso dos bens da Terra é um direito de todos os homens?*

~ Esse direito é consequente da necessidade de viver. Deus não imporia um dever sem dar ao homem o meio de cumprir-lo.

PARIS, 7 DE MAIO DE 1856.

RESIDÊNCIA DO SR. ROUSTAN.

MÉDIUM: SRTA. JAPHET.

MINHA MISSÃO.

712 ~ *Com que fim pôs Deus atrativos no gozo dos bens materiais?*

~ Para instigar o homem ao cumprimento da sua missão e para experimentá-lo por meio da tentação.

712a ~ *Qual o objetivo dessa tentação?*

~ Desenvolver-lhe a razão, que deve preservá-lo dos excessos.

719 ~ *Merece censura o homem, por procurar o bem-estar?*

~ É natural o desejo do bem-estar. Deus só proíbe o abuso, por ser contrário à conservação. Não condena a procura do bem-estar, desde que não seja conseguido à custa de outros.

PARIS, 1833.
O EDUCANDÁRIO NÃO PROGREDIA. COM SÉRIAS DIFICULDADES FINANCEIRAS, COMEÇAMOS A ACUMULAR GRANDES DÍVIDAS, PREJUDICADOS PELA LEGISLAÇÃO DA ÉPOCA, QUE DIFICULTAVA A MANUTENÇÃO DE INSTITUIÇÕES PARTICULARES DE ENSINO QUE NÃO ESTIVESSEM SOB A PROTEÇÃO DA IGREJA.
EU MINISTRAVA OS CURSOS DE QUÍMICA, FÍSICA, ASTRONOMIA E ANATOMIA COMPARADA, RECEBENDO MAIS DE 500 ALUNOS SEM CONDIÇÕES FINANCEIRAS.
PELOS ENSINAMENTOS DE INSTRUÇÃO, AMOR E CARIDADE RECEBIDOS DO MEU MESTRE PESTALOZZI, EU NÃO CONSEGUIA SER INDIFERENTE ÀS GRANDES DIFICULDADES DESSE CONTINGENTE ENORME DE ESTUDANTES FRANCESES DESFAVORECIDOS.
MAS EU NÃO PERDIA A ESPERANÇA NO FUTURO!
TIO FRANÇOIS ESCREVIA ME INFORMANDO SOBRE SUAS DIVERSAS VIAGENS DE NEGÓCIOS AO REDOR DA EUROPA.
TRABALHANDO ARDUAMENTE NA PROCURA DE INVESTIDORES...
...BUSCANDO ARRECADAR FUNDOS PARA A FUNDAÇÃO DE OUTRAS INSTITUIÇÕES NOS MOLDES PESTALOZZIANOS.
Casino
SPA, BÉLGICA, 1834.
APOSTA DE 25.000 FRANCOS! FULL DE ASES! A BANCA GANHA!
AHH! ME SIRVA MAIS UMA DOSE, NINI! PELO AMOR DE DEUS!!

DESTRUIÇÃO NECESSÁRIA E DESTRUIÇÃO ABUSIVA

728 ~ *É lei da Natureza a destruição?*

~ Preciso é que tudo se destrua para renascer e se regenerar. Porque, o que chamais destruição não passa de uma transformação, que tem por fim a renovação e melhoria dos seres vivos.

742 ~ *Que é o que impele o homem à guerra?*

~ Predominância da natureza animal sobre a natureza espiritual e transbordamento das paixões.

CRUELDADE

752 ~ *Poderá se ligar o sentimento de crueldade ao instinto de destruição?*

~ É o instinto de destruição no que tem de pior, porquanto, se algumas vezes, a destruição constitui uma necessidade, com a crueldade jamais se dá o mesmo. Ela resulta sempre de uma natureza má.

PARÍS, 1834.
INSTITUTO TÉCNICO RIVAIL.
NO MEIO DA NOITE, UM BARULHO!
TUMP!
TIO FRANÇOIS! VOCÊ VOLTOU! SEJA BEM-VINDO...
ALGUM PROBLEMA?
ESTOU ARRUINADO, HIPPOLYTE!
O QUE!?...
EU PRECISO DO DINHEIRO QUE INVESTI NO EDUCANDÁRIO!
TENHO PERDIDO GROSSAS SOMAS DE DINHEIRO EM CASSINOS!
E AGORA ESTOU SENDO AMEAÇADO POR PERIGOSOS AGIOTAS. PESSOAS VIOLENTAS, QUE IRÃO PRATICAR AS MAIS TORPES BARBARIDADES CONTRA MIM PARA REAVER TUDO QUE PERDERAM!
ENTÃO, HIPPOLYTE...
ASSIM, ME VI OBRIGADO A PEDIR A LIQUIDAÇÃO DO INSTITUTO!
DA PARTILHA COUBERAM 45.000 FRANCOS A CADA SÓCIO. EU APLIQUEI A SOMA COM UM INVESTIDOR FINANCEIRO, AMIGO MEU, QUE FEZ MAUS NEGÓCIOS E CUJA FALÊNCIA NADA NOS DEIXOU.
MEU IRMÃO SEMPRE LEVOU UMA VIDA DEVASSA, CHEIA DE JOGOS, FESTAS, MULHERES...! EU DEVIA TER ALERTADO MEU FILHO SOBRE OS EXCESSOS DO TIO.
POBRE HIPOLLYTE. ESSE EDUCANDÁRIO ERA TUDO QUE SEMPRE SONHOU!
E 1834 FOI O ÚLTIMO ANO DE FUNCIONAMENTO DO INSTITUTO TÉCNICO RIVAIL.
INSTITUTION RIVAIL
E EU NUNCA MAIS ABRIRIA OUTRA ESCOLA.

MARCHA DO PROGRESSO

779 ~ *A força para progredir, haure-a o homem em si mesmo, ou o progresso é apenas fruto de um ensinamento?*

~ O homem se desenvolve por si mesmo, naturalmente. Mas, nem todos progridem simultaneamente e do mesmo modo. Dá-se então que os mais adiantados auxiliam o progresso dos outros, por meio do contato social.

781 ~ *Tem o homem o poder de paralisar o progresso?*

~ Não, mas às vezes tem o de embaraçá-lo.

785 ~ *Qual o maior obstáculo ao progresso?*

~ O orgulho e o egoísmo.

PARIS, 12 DE MAIO DE 1856.

RESIDÊNCIA DO SR. BAUDIN.

SESSÃO PESSOAL.

790 ~ *A civilização é um progresso ou, como o entendem alguns filósofos, uma decadência da Humanidade?*

~ Progresso incompleto. O homem não passa subitamente da infância à madureza.

PROGRESSO DA LEGISLAÇÃO HUMANA

794 ~ *Poderia a sociedade reger-se unicamente pelas leis naturais, sem o concurso das leis humanas?*

~ Poderia, se todos as compreendessem bem. Se os homens as quisessem praticar, elas bastariam. A sociedade, porém, tem suas exigências. São-lhe necessárias leis especiais.

PARIS, 10 DE JUNHO DE 1856.
RESIDÊNCIA DO SR. ROUSTAN.
MÉDIUM: SRTA. JAPHET.

NA FASE DE REVISÃO, A MÉDIUM QUE MAIS CONTRIBUIU FOI CELINE-RUTH JAPHET. PERGUNTAMOS AO ESPÍRITO HAHNEMANN.

798 ~ *O Espiritismo se tornará crença comum, ou ficará sendo partilhado, como crença, apenas por algumas pessoas?*

~ Certamente que se tornará crença geral e marcará nova era na história da Humanidade, porque está na natureza e chegou o tempo em que ocupará lugar entre os conhecimentos humanos. Terá, no entanto, que sustentar grandes lutas, mais contra o interesse, do que contra a convicção, porquanto não há como dissimular a existência de pessoas interessadas em combatê-lo, umas por amor-próprio, outras por causas inteiramente materiais. Porém, como virão a ficar insulados, seus contraditores se sentirão forçados a pensar como os demais, sob pena de se tornarem ridículos.

PARIS, 1838.
A FRANÇA, JUNTAMENTE COM OUTRAS NAÇÕES, COMANDAVA O PROCESSO DA GRANDE REVOLUÇÃO INDUSTRIAL, POLÍTICA, MILITAR E ECONÔMICA DO CONTINENTE EUROPEU, QUE VIVIA UM MOMENTO HISTÓRICO DE INTENSO CRESCIMENTO.
E EXPANDIA SEU PODER POLÍTICO E MILITAR PARA VÁRIAS REGIÕES DO MUNDO, EM DIREÇÃO À ÁSIA E ÁFRICA, CRIANDO E MANTENDO DIVERSAS COLÔNIAS SOB O SEU DOMÍNIO.
PARIS, CENÁRIO DA REVOLUÇÃO FRANCESA, CONTINUAVA COMO REFERÊNCIA CULTURAL DO MUNDO.
NAQUELES ANOS, EU, JUSTAMENTE NA FASE FINANCEIRA MAIS DIFÍCIL DA MINHA VIDA, FUNDEI E DIRIGI, JUNTO COM GABI, NO SUBÚRBIO DE PARIS, UM MODESTO PENSIONATO DE MOCINHAS.
DURANTE O DIA, EU CONTINUAVA MINISTRANDO CURSOS EM MINHA CASA, ONDE AGORA FUNCIONAVA O LYCÉE POLYMATHIQUE, PARA CENTENAS DE ALUNOS POBRES.
À NOITE, ESCREVIA ESTUDOS PEDAGÓGICOS E TRADUZIA OBRAS INGLESAS E ALEMÃS.
COM OUTRO COLEGA, RENOMADO PROFESSOR, ELABOREI PROGRAMAS DE ESTUDO PARA ALUNOS DE ESCOLAS DO SUBÚRBIO DE SAINT-GERMAIN.
CONTINUEI SENDO MEMBRO DE DIVERSAS SOCIEDADES INTELECTUAIS E PUBLICANDO LIVROS: "MANUAL DOS EXAMES PARA CERTIFICADO DE CAPACIDADE" EM 1846, "CATECISMO GRAMATICAL DA LÍNGUA FRANCESA" EM 1848, "PROGRAMA DOS CURSOS ORDINÁRIOS DE QUÍMICA, FÍSICA, ASTRONOMIA E FISIOLOGIA", "PONTOS PARA OS EXAMES NA MUNICIPALIDADE E NA SORBONNE", "INSTRUÇÕES SOBRE AS DIFICULDADES ORTOGRÁFICAS" EM 1849. ALÉM DE DIVERSAS TRADUÇÕES DE OBRAS CIENTÍFICAS, ESCOLARES E LITERÁRIAS.
DAVID-EUGÈNE LÉVI-ALVARÈS
GRAMMAIRE NORMALE
DES EXAMENS
CATÉCHISME
GRAMMATICAL
DE LA LANGUE FRANÇAISE
PARIS
NOS ANOS QUE SE SEGUIRAM, COMEÇOU UM GRANDE POLICIAMENTO E FORTE RESTRIÇÃO DE LIBERDADES JUNTO ÀS ATIVIDADES DE ENSINO.
ENTÃO EU, INCONFORMADO, ME AFASTEI AINDA MAIS DA MINHA VOCAÇÃO PROFISSIONAL...
...ACABANDO DE VEZ COM AS MINHAS ATIVIDADES PEDAGÓGICAS.

DA LEI DE IGUALDADE

803 ~ *Todos os homens são iguais perante Deus?*

~ Sim, todos tendem para o mesmo fim e Deus fez suas leis para todos. Dizeis frequentemente: 'O Sol nasce para todos' e enunciais assim uma verdade maior e mais geral do que pensais.

804 ~ *Por que não outorgou Deus as mesmas aptidões a todos os homens?*

~ Deus criou iguais todos os Espíritos, mas cada um destes vive há mais ou menos tempo, e, conseguintemente, tem feito maior ou menor soma de aquisições.

805 ~ *Passando de um mundo superior a outro inferior, conserva o Espírito, integralmente, as faculdades adquiridas?*

~ Sim. O Espírito que progrediu não retrocede.

PARIS, 1845.
A PARTIR DESSE ANO, GABI E EU ENFRENTAMOS SÉRIAS DIFICULDADES FINANCEIRAS. TIVE QUE BUSCAR EMPREGOS TEMPORÁRIOS E MODESTOS, ESTRANHOS À MINHA EXPERIÊNCIA DE EDUCADOR.
ESCREVI, JUNTO A LEONARD JOSEPH URBIN NAPOLEON GALLOIS, O ESPETÁCULO TEATRAL "UMA PAIXÃO DE SALÃO", APRESENTADO NO "THEATRE D'ENTRETIENS ET COMEDIE"
ATRAVESSAMOS TAMBÉM DOLOROSAS PERDAS. COMO A DA PEQUENA LOUISE. TAMANHA AFLIÇÃO NOS CAUSOU, QUE RELATAREI ESTA TRISTE HISTÓRIA EM OUTRA OPORTUNIDADE.
UNE PASSION DE SALON,

TEMPO DEPOIS, ERA RESPONSÁVEL PELA CONTABILIDADE DE TRÊS COMPANHIAS, QUE ME PRODUZIAM CERCA DE 7.000 FRANCOS POR ANO. A LIVRARIA RELIGIOSA DE PÉLAGAUD, A FOLHA CATÓLICA "L'UNIVERS", E O "THÉÂTRE DES FOLIE-MARIGNY".
ESTE ÚLTIMO ERA UM TEATRO DE VARIEDADES NA CHAMPS-ÉLYSÉES. E PARA MIM FOI UM TRABALHO PARTICULARMENTE FASCINANTE.
THÉÂTRE DES FOLIE-MARIGNY
FOLIE-MARIGNY
O FOLIE-MARIGNY ERA CONSIDERADO O TEMPLO DO OCULTISMO. RECEBIA PERSONALIDADES DE VÁRIAS PARTES DO MUNDO, ÁVIDAS PELOS MISTÉRIOS E ENCANTAMENTOS DAQUILO QUE NOS É DESCONHECIDO.

O Mago Lacaze, proprietário do estabelecimento, apresentava um espetáculo que era a sensação da cidade: "O Minueto das Cabeças Decapitadas".
Madames e Monsieurs! Existe vida após a vida? Os antigos egípcios garantiam que sim!
Sendo profundamente interessado nos caminhos da ciência, eu não podia negar que o ilusionismo me desconcertava, me fascinava...
Espelhos, dublês, fios invisíveis, fundos falsos...
Distração através de sombras, luzes, fumaça...
Tive ali a oportunidade de participar de ensaios e de assistir, desde os bastidores, às apresentações.
Conheci os engenhosos artifícios utilizados nas mágicas de Lacaze, para desconcertar o público.
Anos depois, o Folie-Marigny fechou, pois Lacaze acumulou dívidas e mais dívidas.

O LIVRO DOS ESPÍRITOS

PARTE III - DAS LEIS MORAIS

DESIGUALDADES SOCIAIS

806 ~ *É lei da Natureza a desigualdade das condições sociais?*
~ Não, é obra do homem e não de Deus.

DESIGUALDADE DAS RIQUEZAS

808 ~ *A desigualdade das riquezas não se originará das faculdades, em virtude da qual uns dispõem de mais meios de adquirir bens do que outros?*
~ Sim e não. Da velhacaria e do roubo, que dizes?

811 ~ *Será possível e já terá existido a igualdade absoluta das riquezas?*
~ Não, nem é possível. A isso se opõe a diversidade das faculdades e dos caracteres.

814 ~ *Por que Deus a uns concedeu as riquezas e o poder, e a outros, a miséria?*

~ Para experimentá-los de modos diferentes. Essas provas foram escolhidas pelos próprios Espíritos, que nela sucumbem com frequência.

IGUALDADE DOS DIREITOS DO HOMEM E DA MULHER

817 ~ *São iguais perante Deus o homem e a mulher e têm os mesmos direitos?*

~ Não outorgou Deus a ambos a inteligência do bem e do mal e a faculdade de progredir?

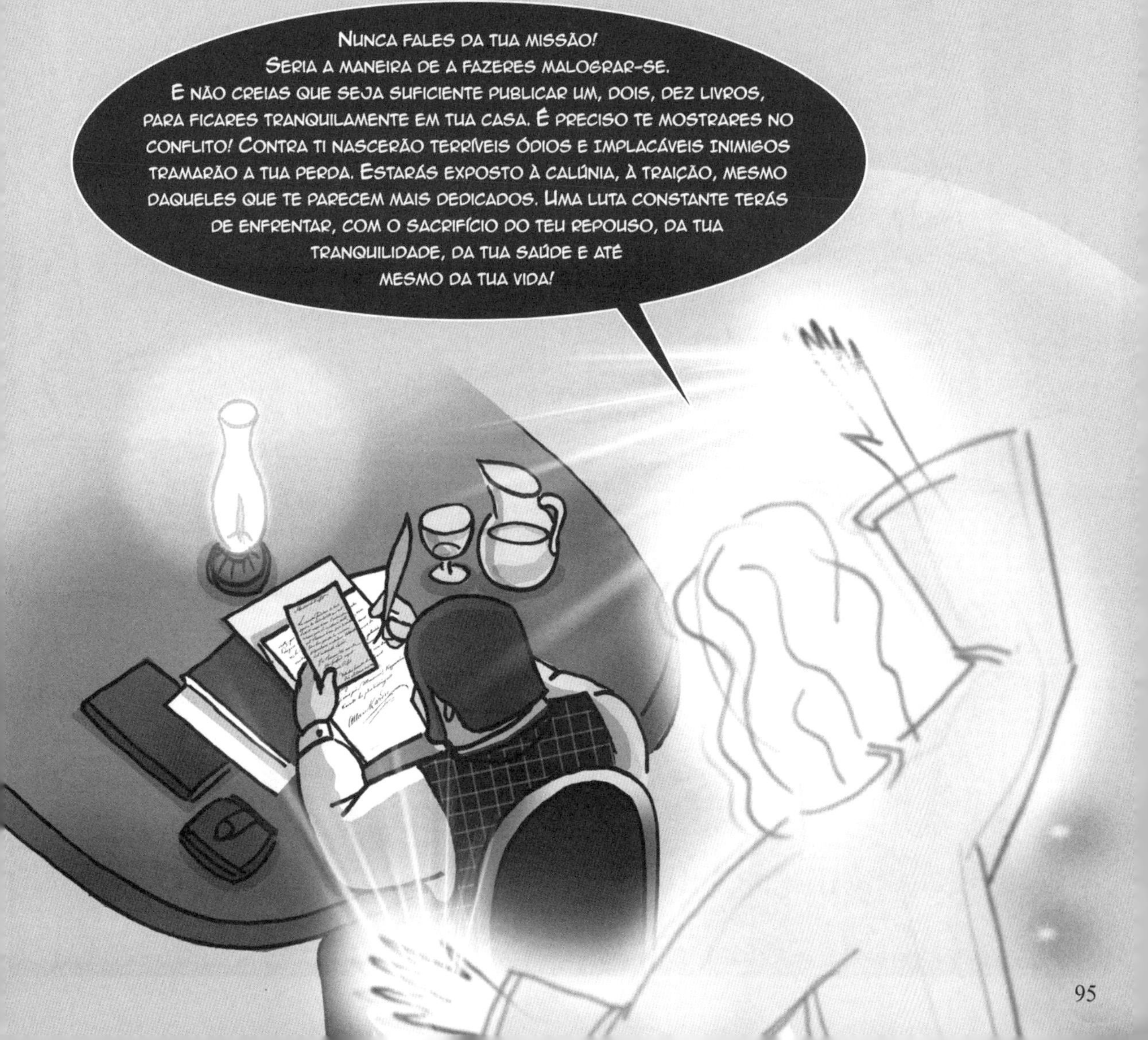

PARIS, 1848.
THE NEW YORK HERALD
EUROPEAN EDITION - PARIS SATURDAY, SEPTEMBER 9, 1848 - EIGHT PAGES
Em um pequeno vilarejo próximo de Nova York, pela primeira vez na história da humanidade foram minuciosamente comprovados indícios de uma vida após a morte.
O pastor John D. Fox e sua família, originários do Canadá, mudaram-se para uma pequena casa de madeira em Hydesville, no Condado de Wayne, Estado de Nova York. A população da cidade dizia que a casa era *mal assombrada*. Na noite do 31 de março, foram ouvidos ruídos estranhos que foram aumentando de intensidade. Móveis se moviam sem nenhum contato humano. Naquela noite, Katerine, a filha mais nova, desafiou a força
A Sra. Fox, ao lado do marido, perguntou se era um Espírito. E fortes batidas se fizeram ouvir por toda a casa. Corria pelas redondezas a lenda de que um homem fora assassinado naquela casa. A Sra. Fox continuou a perguntar: *"Se for o Espírito de um assassinado dê mais duas pancadas"*. E duas pancadas foram ouvidas para espanto de todos. A Sra. Fox perguntou depois: *"A pessoa que o assassinou ainda vive?"*. Mais duas batidas. E através de perguntas descobriram
no porão daquela casa tinha acontecido terrível assassinato. Com um corte de faca de açougueiro na garganta, o corpo fora
enterrado ali mesmo.
DEFENDO A LIBERDADE DE PENSAMENTO, MAS COMO VENHO DIZENDO DESDE A MINHA MOCIDADE: "AQUELE QUE HOUVER ESTUDADO AS CIÊNCIAS RIRÁ, ENTÃO, DA CREDULIDADE SUPERSTICIOSA DOS IGNORANTES".

LIBERDADE NATURAL

825 ~ *Haverá no mundo posições em que o homem possa jactar-se de gozar de absoluta liberdade?*

~ Não, porque todos precisais uns dos outros.

LIBERDADE DE PENSAR

834 ~ *É responsável o homem pelo seu pensamento?*

~ Perante Deus, é. Somente a Deus sendo possível conhecê-lo, ele o condena ou absolve, segundo a sua justiça.

LIBERDADE DE CONSCIÊNCIA

835 ~ *Será a liberdade de consciência uma consequência da de pensar?*

~ *A consciência é um pensamento íntimo, que pertence ao homem.*

843 ~ *Tem o homem o livre-arbítrio de seus atos?*

~ Assim como tem a liberdade de pensar, tem igualmente a de obrar. Sem o livre-arbítrio o homem seria máquina.

PARIS, 1852.
EU IDENTIFICAVA NOS TRANSES HIPNÓTICOS E NOS PASSES MAGNÉTICOS CERTA INFUÊNCIA DE FORÇAS OCULTAS.
Société du Magnétisme
BAQUET 4
PORÉM, NÃO CONSEGUIA ACREDITAR QUE UMA PESSOA, MERGULHADA NO MAIS PROFUNDO SONO, PUDESSE TOMAR CONHECIMENTO DE TEMPOS E LUGARES DISTANTES.
MAS EU SENTI NA PRÓPRIA PELE, OU MELHOR, NOS PRÓPRIOS OLHOS, OS EFEITOS DO SONAMBULISMO AO ENFRENTAR UM PROBLEMA GRAVE.
A PERDA DE VISÃO, A PONTO DE JÁ NÃO CONSEGUIR LER NEM ESCREVER.
AMAUROSE FUGAZ!
UMA ESPÉCIE DE PROBLEMA CIRCULATÓRIO, COM COMPROMETIMENTO IRREVERSÍVEL DO NERVO ÓPTICO!
PROFESSOR, DEVERÁ ESTAR PREPARADO PARA O PIOR: A CEGUEIRA IMINENTE!
NA DÚVIDA, DECIDI OUVIR UMA SEGUNDA OPINIÃO, MAS EM VEZ DE RECORRER A OUTRO MÉDICO, BATI NA PORTA DE UMA SONÂMBULA, FAMOSA POR PROMOVER CURAS MILAGROSAS. SEU DIAGNÓSTICO FOI MENOS DRAMÁTICO.
É UM MAL PASSAGEIRO! NÃO É AMAUROSE E SIM UMA INFLAMAÇÃO!
EM DOIS OU TRÊS MESES, ESTAREIS CURADO! ESTA RECEITA É UMA MISTURA DE ÁGUA E ERVAS PARA APLICAR NOS OLHOS!
CONTINUEI MANTENDO MEU CETICISMO. E, COMO HOMEM DE CIÊNCIA, PONDEREI O PARECER MÉDICO, ENTRANDO EM PROFUNDA DEPRESSÃO, POIS PARA UM HOMEM COMO EU, APRECIADOR DA LEITURA E DA OBSERVAÇÃO DOS FATOS, FICAR CEGO DECIDIDAMENTE NÃO ERA JUSTO!
MAS POUCOS MESES DEPOIS...
GABI!! RECUPEREI A MINHA VISÃO!
COMPLETAMENTE!
EU ESTAVA DANDO, SEM O PERCEBER, UM AVANÇO PARA A VERDADE!

CONHECIMENTO DO FUTURO

871 ~ *Pois que Deus tudo sabe, não ignora se um homem sucumbirá ou não em determinada prova. Assim sendo, qual a necessidade dessa prova, uma vez que nada acrescentará ao que Deus já sabe a respeito desse homem?*

~ Por que não criou Deus o homem perfeito e acabado? Por que passa o homem pela infância, antes de chegar à condição de adulto? A prova não tem por fim dar a Deus esclarecimentos sobre o homem, mas dar ao homem a liberdade de fazer ou não fazer. Dotado da faculdade de escolher entre o bem e o mal, a prova tem por efeito pô-lo em luta com as tentações do mal e conferir-lhe todo o mérito da resistência.

PARIS, DEZEMBRO DE 1854.
FOI ATRAVÉS DE FORTIER, AMIGO DE 25 ANOS, ANTIGO CAIXEIRO VIAJANTE, MAGNETIZADOR E MASSAGISTA DE PROFISSÃO, QUE OUVI FALAR PELA PRIMEIRA VEZ DO FENÔMENO DAS MESAS GIRANTES.
SABE DA SINGULAR PROPRIEDADE QUE ACABAM DE DESCOBRIR NO MAGNETISMO? NÃO SÃO SÓ OS INDIVÍDUOS QUE SE MAGNETIZAM, MAS TAMBÉM AS MESAS, QUE PODEM GIRAR E ANDAR À VONTADE!
La Patrie
LA TABLE TOURNANTE
UMA SEMANA DEPOIS, FUI CONVIDADO POR FORTIER À CASA DE MADAME ROGER, CLARIVIDENTE NOTÁVEL E ESPOSA DO PROPRIETÁRIO DE UM SERVIÇO DE CARRUAGENS E COCHEIRAS, A QUEM FORTIER MAGNETIZAVA PARA PROGNÓSTICOS E CURAS.
E AS MESAS? CONTINUAM RODOPIANDO NOS SALÕES DE PARIS?
ELAS NÃO GIRAM APENAS, ELAS FALAM!
E QUANDO INTERROGADAS, RESPONDEM. UMA DELAS USOU OS PÉS PARA DITAR MAGNÍFICAS COMPOSIÇÕES LITERÁRIAS E MUSICAIS!
OBRIGADO, MADAME.
SÓ ACREDITAREI QUANDO ME PROVAREM QUE UMA MESA TEM CÉREBRO PARA PENSAR E NERVOS PARA SENTIR!
CONTUDO, OS JORNAIS NAO SÓ AFIRMAM A VERACIDADE DO FENÔMENO COMO AINDA CITAM OS NOMES DAS TESTEMUNHAS...
LENDAS, MEU CARO AMIGO! OS JORNAIS ANDAM CHEIOS DE MILAGRES, CONTOS DE FADA, CASAS MAL ASSOMBRADAS, ENFIM, HISTÓRIAS PARA ADORMECER CRIANÇAS!
OS FENÔMENOS DAS MESAS TEM CERTAMENTE UMA EXPLICAÇÃO CIENTÍFICA!
HOJE UTILIZAMOS TRANSMISSÕES TELEGRÁFICAS, LÂMPADAS A GÁS, LOCOMOTIVAS. TEMOS FOTOGRAFIAS, ONDAS ELETROMAGNÉTICAS, VAPOR TRANSFORMADO EM PRESSÃO MECÂNICA, FONTES DE ENERGIA ADVINDAS DO CALOR E DO MAGNETISMO.
A CIÊNCIA TRANSFORMOU O IMPOSSÍVEL EM EVIDÊNCIAS E INVENÇÕES REVOLUCIONÁRIAS! E DESVENDOU MISTÉRIOS DE TEMPOS ATRÁS!
SEJAMOS JUSTOS, FORTIER. É A LEI NATURAL DAS COISAS!
DESISTO!

O LIVRO DOS ESPÍRITOS

PARTE III - DAS LEIS MORAIS

JUSTIÇA E DIREITOS NATURAIS

876 ~ *Posto de parte o direito que a lei humana consagra, qual a base da justiça, segundo a lei natural?*

~ Disse o Cristo: Queira cada um para os outros o que quereria para si mesmo. No coração do homem imprimiu Deus a regra da verdadeira justiça, fazendo que cada um deseje ver respeitados os seus direitos.

886 ~ *Qual o verdadeiro sentido da palavra caridade, como a entendia Jesus?*

~ Benevolência para com todos, indulgência para as imperfeições dos outros, perdão das ofensas. Tal o sentido destas palavras de Jesus:

AMAI-VOS UNS AOS OUTROS COMO IRMÃOS.

PARIS, 11 DE SETEMBRO DE 1856,
RESIDÊNCIA DO SR. BAUDIN,
MÉDIUM: SRTA. BAUDIN.

PARIS, 6 DE JANEIRO DE 1855.
GABI E EU FOMOS CONVIDADOS À FESTA DAS BODAS DE PRATA DE CARLOTTI, AMIGO DE 25 ANOS, PROPRIETÁRIO E FUNDADOR DE UM GRANDE RESTAURANTE NO BOULEVARD DES ITALIENS.
H. DENIZARD E ESPOSA! BEM-VINDOS!
PRECISAMOS CONVERSAR, MEU CARO AMIGO!
CARLOTTI ERA MAGNETISTA COMO EU, MAS ADEPTO DA ESCOLA ANIMISTA, UMA VERTENTE DIFERENTE DO MAGNETISMO.
VOCÊ JA DEVE TER OUVIDO FALAR DO FENÔMENO DAS MESAS GIRANTES E DAS SUAS CONVERSAS!
SABE, PROFESSOR, QUE INFLUENCIAM ESSES MOVIMENTOS E ESSAS RESPOSTAS INTELIGENTES!?
ALMAS DE DEFUNTOS! BRR!
FOI O PRIMEIRO QUE ME FALOU NA INTERVENÇÃO DOS ESPÍRITOS E ME CONTOU TANTAS COISAS SURPREENDENTES QUE, LONGE DE ME CONVENCER, AUMENTOU-ME AINDA AS DÚVIDAS.
MAS FALOU-ME COM UM ENTUSIASMO BASTANTE EXAGERADO. ELE ERA CORSO, DE TEMPERAMENTO ARDOROSO E ENÉRGICO, COM AS QUALIDADES QUE DISTINGUEM UMA GRANDE PESSOA, PORÉM EU DESCONFIEI DA SUA EXALTAÇÃO.
CONSIDEREI A SUA INFORMAÇÃO COMO FRUTO DA TEORIA ANIMISTA QUE ELE ADOTARA.
NA DESPEDIDA ELE ME DISSE:
UM DIA, VOCÊ SERÁ DOS NOSSOS!
VEREMOS!
E SAÍ DA FESTA.

PARIS, 1° DE MAIO DE 1855.
VOLTEI A VISITAR A CASA DA SONÂMBULA MADAME ROGER, EM COMPANHIA DO MEU AMIGO FORTIER, SEU MAGNETIZADOR.
LÁ ENCONTREI O SR. PATIÊR, CONHECIDO MEU. AMBOS FOMOS PROFESSORES DE CURSO SECUNDÁRIO NO BOULEVERD SAINT-GERMAN. NESSA NOITE, ELE ESTAVA ACOMPANHADO DUMA AMIGA: MADAME PLAINEMAISON.
UMA MANIFESTAÇÃO ESTRANHA SE COMUNICOU ATRAVÉS DE MADAME ROGER ENQUANTO SONÂMBULA LÚCIDA.
MAS EU CONTINUARA CÉTICO, MESMO COM A EVIDÊNCIA DA COMUNICABILIDADE, PROVADO PELA SUA CARACTERÍSTICA INTELIGENTE, A HONRADEZ DA MÉDIUM E A DIGNIDADE DO MAGNETIZADOR.
EM DETERMINADO MOMENTO, CONVERSEI COM MONSIEUR PATIÊR.
COMO? ENTÃO VOCÊ TAMBÉM ACREDITA QUE O FENÔMENO DAS MESAS GIRANTES SEJA PRODUTO DOS MORTOS?
POSSO AFIRMAR QUE SIM, MEU CARO PROFESSOR RIVAIL, FALANDO DE PURA E SINCERA CONVICÇÃO!
PATIÊR ERA PROFESSOR E FUNCIONÁRIO PÚBLICO, DE CERTA IDADE, INSTRUÍDO, FRIO E CALMO. EU VIA NELE UMA GRANDE VIRTUDE: SUA LINGUAGEM PAUSADA, ISENTA DE TODO ENTUSIASMO, PRODUZIA EM MIM VIVA IMPRESSÃO.
NO FENÔMENO DAS MESAS NÃO INTERVÉM, A MEU VER, OUTRA VONTADE NEM OUTRA FORÇA, QUE A DAS ALMAS DOS MORTOS. VOCÊ TIRARÁ A MESMA CONCLUSÃO, JULGO EU, QUANDO FIZER SUAS PRÓPRIAS EXPERIÊNCIAS!
AS SESSÕES DE MADAME PLAINEMAISON, POR EXEMPLO, SÃO ÓTIMAS PARA ESSE FIM!
E O SENHOR E SUA ESPOSA SÃO MEUS CONVIDADOS PARA NOSSO PRÓXIMO ENCONTRO!
REALMENTE EU NÃO POSSO PROTELAR MAIS A VERIFICAÇÃO DO FATO! ACEITO O CONVITE!
MAS A IDEIA DE UMA MESA "FALANTE" AINDA NÃO ME ENTRAVA NA MENTE.

AS VIRTUDES E OS VÍCIOS

893 ~ *Qual a mais meritória de todas as virtudes?*

~ Toda virtude tem seu mérito próprio, porque todas indicam progresso na senda do bem. Há virtude sempre que há resistência voluntária ao arrastamento dos maus pendores. A sublimidade da virtude, porém, está no sacrifício do interesse pessoal, pelo bem do próximo, sem pensamento oculto. A mais meritória é a que assenta na mais desinteressada caridade.

PAIXÕES

907 ~ *Será substancialmente mau o princípio originário das paixões, embora esteja na natureza?*

~ Não, a paixão está no excesso de que se acresceu a vontade, visto que o princípio que lhe dá origem foi posto no homem para o bem, tanto que as paixões podem levá-lo à realização de grandes coisas. O abuso que delas se faz é que causa o mal.

O EGOÍSMO

913 ~ *Dentre os vícios, qual o que se pode considerar radical?*

~Temo-lo dito muitas vezes: o egoísmo. Daí deriva todo mal. Estudai todos os vícios e vereis que no fundo de todos há egoísmo. Por mais que lhes deis combate, não chegareis a extirpá-los, enquanto não atacardes o mal pela raiz, enquanto não lhe houverdes destruído a causa.

CARACTERES DO HOMEM DE BEM

918 ~ *Por que indícios se pode reconhecer em um homem o progresso real que lhe elevará o Espírito na hierarquia espírita?*

~ O Espírito prova a sua elevação, quando todos os atos de sua vida corporal representam a prática da Lei de Deus e quando antecipadamente compreende a vida espiritual.

PARTE IV - DAS ESPERANÇAS E CONSOLAÇÕES

DAS PENAS E GOZOS TERRESTRES

920 ~ *Pode o homem gozar de completa felicidade na Terra?*

~ Não, por isso que a vida lhe foi dada como prova ou expiação. Dele, porém, depende a suavização de seus males e o ser tão feliz quanto possível na Terra.

941 ~ *Para muitas pessoas, o temor da morte é uma causa de perplexidade. Donde lhes vêm esse temor, se diante de si seu espírito tem todo o futuro?*

~ Falece-lhes fundamento para semelhante temor. Mas, que queres? Se procuram persuadi-las, quando crianças, de que há um inferno e um paraíso e que mais certo é irem para o inferno, visto que também lhes disseram que o que está na Natureza constitui pecado mortal para a alma! Sucede então que, tornadas adultas, essas pessoas, se algum juízo têm, não podem admitir tal coisa e se fazem ateias, ou materialistas. São assim levadas a crer que, além da vida presente, nada mais há. Quanto aos que persistiram nas suas crenças da infância, esses temem aquele fogo eterno, que os queimará sem os consumir.

PARIS, TERÇA FEIRA
8 DE MAIO DE 1855.
FOMOS, GABI E EU, À RESIDÊNCIA FIDALGA DE MADAME PLAINEMAISON, VIÚVA QUE VIVIA DE RENDAS DEIXADAS PELO FALECIDO MARIDO, NA RUE DA LA GRANGE-BATELIÈRE 18.
EU SABIA QUE O MOVIMENTO ROTATIVO ERA COMUM NA NATUREZA. TODOS OS ASTROS APRESENTAM MOVIMENTOS ROTATÓRIOS. UMA CAUSA DESCONHECIDA PODERIA GERAR, NAS MESAS, IMPULSOS ATÉ ENTÃO RESTRITOS AOS GLOBOS CELESTES. A ELETRICIDADE E A FORÇA MAGNÉTICA DOS PARTICIPANTES EM TORNO DAS MESAS AGIRIA TAMBÉM SOBRE ELAS.
FINALMENTE CHEGOU QUEM ESTAVA FALTANDO! SENHORES, ESTE É O PROFESSOR HIPPOLYTE RIVAIL!

O PROFESSOR RIVAIL! É UM INSIGNE EDUCADOR. DISCÍPULO DE PESTALOZZI!
TAMBÉM OUVI FALAR SOBRE ELE, SUAS OBRAS PEDAGÓGICAS FORAM ADOTADAS PELA UNIVERSIDADE DE PARIS!

ASSIM QUE CHEGUEI, EXERCI INTENSA E INDISCRETA FISCALIZAÇÃO DOS ASSISTENTES E RÁPIDA OBSERVAÇÃO À PROCURA DE ROLDANAS, FIOS, ESPELHOS OU OUTRAS ARTIMANHAS.

O casal Rivail vai dar-nos o prazer de sentar-se conosco à mesa?
Perdão, Madame, mas me sinto no dever de confessar-lhe que a minha razão se recusa a admitir...
Está bem!
Ótimo! Comecemos então, Jean-Paul! Faria a gentileza de apagar as luzes?
Certamente, Madame!
Humm... no "Folie-Marigny", todos os fenômenos apresentados ao público eram feitos assim, numa espécie de penumbra...
Aliás, "fenômenos" não seria a palavra apropriada... "Truques" seria o termo mais adequado!
Hippolyte!
Você está sendo descortês! A penumbra facilita a comunicação com o outro mundo!
Está bem, desculpem! Podemos continuar!
Por favor, coloquem as mãos sobre a mesa!
Forças desconhecidas do outro plano! Manisfestai agora a vossa presença!

PARAÍSO, INFERNO E PURGATÓRIO

1012 ~ *Haverá no Universo lugares circunscritos para as penas e gozos dos Espíritos, segundo seus merecimentos?*

~ As penas e os gozos são inerentes ao grau de perfeição dos Espíritos. E como eles estão por toda parte, nenhum lugar circunscrito ou fechado existe especialmente destinado a uma ou outra coisa. Quanto aos encarnados, esses são mais ou menos felizes ou desgraçados, conforme é mais ou menos adiantado o mundo em que habitam.

PARIS, 17 DE JANEIRO DE 1857.

RESIDÊNCIA DO SR. BAUDIN.

MÉDIUM: SRTA. BAUDIN.

1018 ~ *Em que sentido se devem entender estas palavras do Cristo: Meu reino não é deste mundo?*

~ Respondendo assim, o Cristo falava em sentido figurado. Queria dizer que o seu reinado se exerce unicamente sobre os corações puros e desinteressados. Ele está onde quer que domine o amor do bem.

1019 ~ *Poderá jamais implantar-se na Terra o reinado do bem?*

~ O bem reinará na Terra quando os bons Espíritos predominarem, e farão que aí reinem o amor e a justiça.

PARIS, TERÇA-FEIRA 8 DE MAIO DE 1855.
RESIDÊNCIA DE
MADAME PLAINEMAISON.
EU TESTEMUNHEI, PELA PRIMEIRA VEZ, NAQUELA NOITE, O FENÔMENO DAS MESAS GIRANTES, QUE SALTAVAM E CORRIAM EM CONDIÇÕES INDUBITÁVEIS!

VIMOS, NESSE DIA, A MESA GIRAR EM UM DOS PÉS, ANDAR E SALTAR COMO RÃ, TENDO SOBRE SI, NO COMEÇO, A CADEIA DE MÃOS EM QUE TOMEI PARTE E, AO FINAL, SÓ AS MÃOS DE MADAME PLAINEMAISON.
A MESA ERGUEU-SE E DESCEU UM DOS PÉS, PRINCIPIANDO A BATER COM ELE, RAPIDAMENTE, NO SOALHO, OS SINAIS CONVENCIONADOS, DE SIM E NÃO E DAS LETRAS DO ALFABETO, PARA FORMAR FRASES.

CONCLUÍ QUE REALMENTE ERAM OS ESPÍRITOS DAQUELES QUE MORRERAM A CAUSA INTELIGENTE DOS EFEITOS E DEDUZI AS LEIS QUE REGEM ESSES FENÔMENOS.

COMPREENDI QUE ESTAVA FRENTE A FRENTE A UMA EXPERIÊNCIA INTRIGANTE.
E, A PARTIR DAQUELA NOITE, MEU DESTINO SERIA SELADO...
DEFINITIVAMENTE!

O LIVRO DOS ESPÍRITOS

CONCLUSÃO

Quem apenas conhecesse, do Espiritismo, o movimento das mesas girantes, em o qual só vê um divertimento, um passatempo, dificilmente poderia compreender que ali está o segredo do mecanismo do Universo e da marcha dos mundos.

O Espiritismo é o mais terrível antagonista do materialismo. Não é, pois, de admirar que tenha por adversários os materialistas que se acobertam com o manto da razão e da ciência.

O progresso da Humanidade tem seu princípio na lei de justiça, de amor e de caridade, lei que se funda na certeza do futuro. Tirai-lhe essa certeza e lhe tirareis a pedra fundamental.

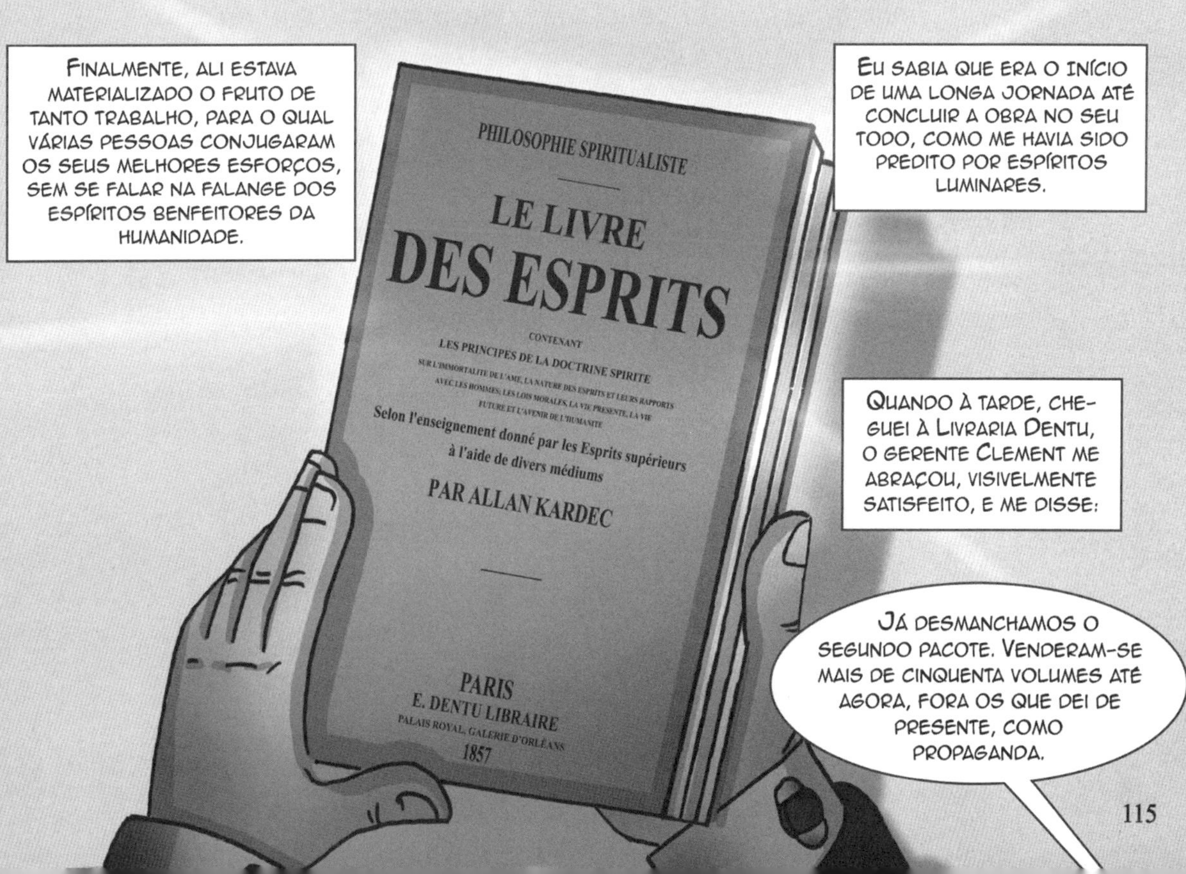

Os que dizem que as crenças espíritas ameaçam invadir o mundo, proclamam a força do Espiritismo, porque jamais poderia tornar-se universal uma ideia sem fundamento e destituída de lógica.

Por meio do Espiritismo, a Humanidade tem que entrar numa nova fase, a do progresso moral que lhe é consequência inevitável.

O Espiritismo progrediu principalmente depois que foi sendo mais bem compreendido na sua essência íntima, depois que lhe perceberam o alcance, porque tange a corda mais sensível do homem: a da sua felicidade, mesmo neste mundo.

O Espiritismo é forte porque assenta sobre as próprias bases da religião: Deus, a alma, as penas e as recompensas futuras.

LANÇAMENTO DA PRIMEIRA EDIÇÃO DE O LIVRO DOS ESPÍRITOS.

O Espiritismo não é obra de um homem. Ninguém pode inculcar-se como seu criador, pois tão antigo é ele quanto a criação. Encontramo-lo por toda parte, em todas as religiões.

Que faz a moderna ciência espírita? Reúne em corpo de doutrina o que estava esparso. Explica, com os termos próprios, o que só era dito em linguagem alegórica. Poda o que a superstição e a ignorância engendraram, para só deixar o que é real e positivo. Esse o seu papel. Mostra o que existe, coordena, porém não cria, por isso que suas bases são de todos os tempos e de todos os lugares.

Que interesse, ao demais, haveria em obstar-se a propagação das ideias espíritas? É exato que elas se erguem contra os abusos que nascem do orgulho e do egoísmo.

PARIS, 18 DE ABRIL DE 1857, PALAIS ROYAL.

O Espiritismo não traz moral diferente da de Jesus. Os Espíritos vêm confirmá-la e mostrar-nos a sua utilidade prática.

Jesus veio mostrar aos homens o caminho do verdadeiro bem para fazer lembrada sua lei que estava esquecida. Deus envia hoje os Espíritos, a fim de a lembrarem novamente aos homens, e com maior precisão, quando eles a olvidam.

Não é um único homem, um profeta quem nos vem advertir.
A luz surge por toda parte.
É todo um mundo novo que se desdobra às nossas vistas.

LE LIVRE
DES ESPRITS
PAR ALLAN KARDEC
PARIS
AO COMEÇAR A ABRIR O PACOTE, A EMOÇÃO TOMOU CONTA DE MIM. GABI, AO MEU LADO, NÃO CONTINHA AS LÁGRIMAS. ALI ESTAVA, DIANTE DE MEUS OLHOS, O SONHADO LIVRO. UMA VERDADEIRA JOIA PRECIOSA QUE VINHA PARA ENRIQUECER DE VALORES MORAIS DA HUMANIDADE.

E chegou o entardecer daquele memorável dia de primavera, quando o sol já se demorava um tanto mais para se pôr no horizonte.
O nosso singelo apartamento do segundo andar, fundos, abriu suas portas para receber os ilustres convidados.
A família Baudin foi a primeira a chegar.
Você nem imagina a alegria das nossas filhas quando, por volta das cinco da tarde, receberam um exemplar do Livro!
Depois chegou Madame Plainemaison e três pessoas inesperadas que a acompanhavam.
Bonsoir, Professor Kardec. Tomei a liberdade de trazer comigo a família Dufaux.
Permita-me que apresente Monsieur Dufaux, produtor de vinho e trigo em Fointainebleu, sua esposa e sua filha...
A jovem de quem lhe falei há dias. Lembra-se?
Grande prazer, Mademoiselle Dufaux! É esta linda menina, então, a nossa grande médium historiadora?
ERMANCE DE LA JONCHÉRE DUFAUX

Novos passos e vozes no corredor. Eram o viúvo Japhet, sua filha Celine-Ruth e o casal Roustan.
Esta mocinha possui, como vocês, diversos predicados mediúnicos. Recomendo-a à amizade de vocês.
Feitas as apresentações, as moças ficaram na sala de jantar, as mulheres na saleta de visitas e os homens no escritório.
As quatro mocinhas, apesar de risonhas, não eram fúteis. O trato com coisas sérias, palestras filosóficas e morais, os conselhos dos guias, a convivência com pessoas cultas e o entendimento de existências anteriores faziam-nas preferirem assuntos construtivos.
A conversa entre as senhoras ia também animada e instrutiva, embora em tom diverso.
E sentados junto à escrivaninha, com os cavalheiros, eu iniciei minha palestra.
A noite foi avançando!
E as horas que se seguiram foram de plena alegria, conversação nobre, recordações e comentários emocionados sobre o Livro.

Em dado momento, pedi a atenção de todos e fiz rápida reprise dos passos dados até ali, chegando ao lançamento de

O Livro dos Espíritos

O Livro Luz, que veio para ficar, qual farol inapagável, indicando o caminho, a verdade e a vida, consoante as palavras de Jesus.

E juntos, oferecemos nossa gratidão a Deus.

E oramos...

Nascer, morrer, renascer ainda e progredir sempre.
Tal é a lei.

Frase escrita no dólmen do Allan Kardec, no cemitério Père-Lachaise.

Capa: A imagem de Allan Kardec foi adaptada a partir de um dos seus mais célebres retratos. Sua assinatura foi reproduzida do original (fonte: Internet).

Pág. 5: Montagem com imagem adaptada a partir da foto acima e da capa de "O Livro dos Espíritos" original.

Sobre "O Livro dos Espíritos"
Os trechos escolhidos de "O Livro dos Espíritos" contidos neste volume foram organizados através duma seleção das questões mais significativas ou representativas, seguindo os pontos principais da Doutrina Espírita (citados por Allan Kardec no capítulo VI da Introdução de "O Livro dos Espíritos") e através de um critério pessoal do autor. Em algumas respostas longas, foram realizados alguns cortes, sem alterar o conteúdo original.

Nota: Ao longo da edição, temos imagens com espíritos visíveis entre os encarnados. Interagindo, dialogando, inclusive com Kardec. Estas são cenas de "licença poética" do autor para ilustrar, de forma lúdica, a comunicação que se realizava entre o mundo material e o espiritual.

Págs. 7, 8 e 9:
Pontos básicos do Prolegômenos. A aparência dos Espíritos foi baseada nas imagens mais populares (fonte: Internet).

São João Evangelista, Santo Agostinho, São Vicente de Paulo, São Luís, O Espírito de Verdade, Sócrates, Platão, Fénelon, Franklin, Swedenborg. A aparência do Espírito da Verdade foi baseada em um ser neutro de luz.

Págs. 10 e 11 - Quadro Único:
Baseado em gravura ilustrando a cidade de Lyon, no século XIX, de Adolphe Rouargue (fonte: Internet).

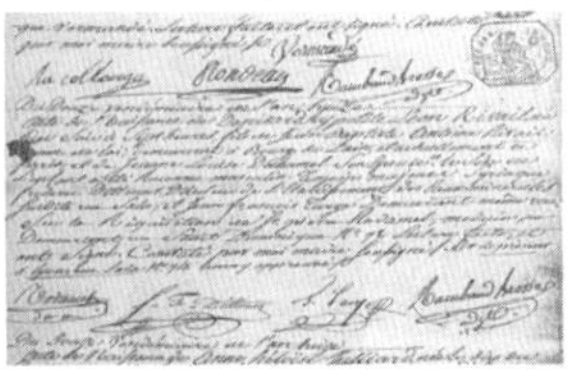

Pág. 12 - Quadro 1:
No fundo, reprodução da certidão de Nascimento original de Rivail (fonte: Internet). A aparência dos pais de Hippolyte é fictícia, já que não existem registros. O texto sobre Jean-Baptiste Rivail foi baseado na "Biografia de Allan Kardec" de Henri Sausse e a descrição de Jeanne Duhamel foi extraída da Introdução da versão em inglês de "O Livro dos Espíritos", de Anna Blackwell.

Quadro 2
Texto de "Meticulosa Pesquisa Biográfica" de Zêus Wantuil e Francisco Thiesen. A igreja foi ilustrada a partir da Igreja Saint-Denis de Lyon.
Quadros 3 e 4.
O interior da igreja também foi baseado a partir da Igreja Saint-Denis de Lyon, onde durante anos se acreditou que Kardec tinha sido batizado.

Pág. 14 - Quadro 1.
Rivail cresceu em Bourg-en-Bresse. Seu pai desapareceu por volta de 1807, foi presumidamente morto na Espanha, segundo livro "Allan Kardec. Análise de documentos biográficos", Editora Lachâtre. No quadro ao fundo, o Real Mostério de Brou, em Bresse.

Quadro 2: O Padre Barthe foi quem batizou Rivail, mas a visita é fictícia.
Quadro 3: Na época, o jovem Rivail morava com sua mãe e sua avó materna, Charlotte Bochard. A aparência do Padre Barthe e da avô de Rivail são fictícias. A fala do Padre é fictícia, a da senhora Rivail foi extraída da "Biografia..." de Henri Sausse.
Quadros 4 e 5: A conversa é fictícia.

Pag. 15 - Quadro Único: O prédio da residência de Mme. Plainemaison, situado na Rue Grange-Batelière 18, foi adaptado de foto do Google Maps.

Pag. 16 - Quadros 1 e 2:
A história é fictícia, assim como a conversa entre eles. A aparência de Pestalozzi foi adaptada dos seus mais populares retratos. Não há registro de que Pestalozzi tenha ido recebe-los.

Quadros 3 a 6
A conversa entre Pestalozzi e o jovem Rivail é fictícia. O local onde passa a carruagem é a atual Praça Pestalozzi, com a Paróquia de Yverdon ao fundo (fonte; Internet).

Pág. 17 - Quadro Único:
Textos de Allan Kardec em "Obras Póstumas". A cesta utilizada foi reproduzida de imagens da época (fonte: Internet)

Pág. 18 - Quadros 1 e 2: A apresentação do Instituto feita por Pestalozzi ao jovem Rivail é fictícia, porém os textos e as informações que ele relata foram extraídos do livro "História de Pestalozzi, seu pensamento e seu trabalho", de Roger de Guimps. A ilustração da entrada do Castelo de Yverdon foi baseada em fotos (fonte: Internet).

As salas do castelo de Yverdon foram reproduzidas de fotos (fonte: Internet). A cena foi baseada em textos de "Meticulosa Pesquisa Biográfica". A aparência do Boniface é fictícia.

Quadro 3
A cena é fictícia. A aparência de Anna Schulthess (ou "Mamãe Pestalozzi") foi adaptada de retratos da época (fonte: Internet).

Pág. 19 - Quadro Único:
A aparência de Madame Plainemaison é fictícia. O texto foi baseado em "O Livro dos Espíritos e sua Tradição Histórica e Lendária", de Silvino Canuto de Abreu.

Págs. 20 e 21 - Quadro Único:
A imagem das pessoas em volta da mesa foi baseada em diversos relatos de Allan Kardec e em ilustrações da época. O texto é de "O Livro dos Espíritos e sua Tradição Histórica e Lendária".

Págs. 22 e 23 - Quadros 1 e 2
A Escala Espírita foi adaptada sintetizando as descrições. As expressões e olhares dos espíritos são de livre interpretação artística.

Pág. 24 - Quadro 1:
O cenário do Castelo de Yverdon foi reproduzido de fotos atuais e gravuras antigas.

Friedrich Fröbel, pedagogo alemão, foi aluno de Pestalozzi. Provavelmente ele e Rivail estiveram no Instituto na mesma época, mas não existe registro de que tenham se conhecido. A conversa entre eles é fictícia, a fala é do próprio Fröbel. A aparência dele foi adaptada de retratos da época.

Quadros 2 a 5. O pátio do Castelo foi reproduzido de fotos do original (fonte: Iinternet). Anna Pestalozzi desencarnou em 17 de dezembro de 1815. É bem provável que o jovem Rivail já estivesse estudando no Instituto, mas a história é fictícia.

Pág. 25 - Quadro Único: A cena foi baseada em texto extraído de "Obras Póstumas".

Págs. 26 e 27: A cena foi baseada em texto de "O Livro dos Espíritos e sua Tradição Histórica e Lendária", de Silvino Canuto Abreu. A aparência dos membros da família Baudin e do Zéfiro são fictícias.

Págs. 28 e 29: A fala do Druida foi baseada em conceitos da cultura céltica. A aparência do Druida foi adaptada do próprio Kardec. A história é fictícia.

Págs. 30 e 31: A cena foi baseada em texto de "O Livro dos Espíritos e sua Tradição Histórica e Lendária".

Pág. 32: As falas de Boniface, Pestalozzi e de Mme. Rivail foram baseadas em textos de diversas biografias, a história da visita da mãe a Yverdon é fictícia.

Quadro 2: Conforme imagens da época, nas aulas de Pestalozzi, os alunos (homens e mulheres) não se sentavam em bancos ou cadeiras, ficando mais a vontade em volta da sala.

Págs. 33, 34 e 35: As cenas foram baseadas em textos de "Obras Póstumas".

Pág. 36: A história foi baseada em textos e conclusões do livro "Meticulosa Pesquisa Biográfica".

Pagina 37: **Quadro Único**: O prédio da residência da família Baudin, situado na Rue Rochechouart, 7, foi adaptado de foto do Google Maps.

Página 38 e 39 - Quadro Único: A cena foi baseada em texto extraído de "Obras Póstumas".

Pági. 40: A história foi baseada em textos de diversos biógrafos sobre a vida do jovem Rivail em Yverdon, a cena do aluno que vê fantasmas e da carta à mãe são fictícias.

Págs. 41 a 43: A história foi baseada em textos de "Obras Póstumas" e "O Livro dos Espíritos e sua Tradição Histórica e Lendária".

Pág. 44 - Quadros 1: O texto foi baseado na biografia de Kardec, de Anna Blackwell.
Quadro 3: Os menires de Clendy são pedras neolíticas de Yverdon.

Quadro 4: A fala do Druida foi baseada em psicografia de Celine-Ruth Japhet. A história toda é fictícia.

Págs. 45 a 47: A cena foi baseada em textos de diversas biografias de Allan Kardec.

Pág. 49 - Quadro Único: A fala de Rivail é fictícia. Não existe referência de que Rivail tenha mudado de identidade de forma radical, mas foi colocado assim buscando seguir uma linguagem de fantasia e quadrinhos.

Pág. 50 - Quadros 1 a 3: Não se sabe se Rivail deixou Yverdon em 1821. O relato do fechamento do Instituto foi baseado em textos de "Meticulosa Pesquisa Biográfica". A história e o resto dos textos são fictícios.

Pág. 51: As aparências de Sr. Fortier, Sr. Carlotti, Sra. Roger e Sr. Patiêr são fictícias. Os textos são de "O Livro dos Espíritos e sua Tradição Histórica e Lendária".

Págs. 52 e 53: As cenas foram baseadas em textos de "O Livro dos Espíritos e sua Tradição Histórica e Lendária".

Pág. 54 - Quadro 1: Não se sabe ao certo se Rivail chegou a Paris em 1822, mas foi por volta dessa época.
Quadro 2: Os textos foram extraídos de diversas biografias. As capas dos seus livros foram baseadas em imagens originais (fonte: Internet).

Pág. 55 - Quadro Único: A cena foi baseada em texto extraído de "Obras Póstumas".

Pág. 56: A história é fictícia. Não existem registros de conversas com o tio François. A aparência do tio é fictícia.
Quadro 1: A cena mostra um mágico ambulante que na época se apresentava na Av. des Champs-Élysées, local onde depois seria erguido o "Folie-Marigny", onde Rivail trabalhou como contador (fonte: Internet).
Quadros 2 a 4: A conversa com o tio François é fictícia, as falas de Rivail foram extraídas de diversos biógrafos. A fachada, a placa e o interior da "Sociedade de Magnetismo" são fictícias.

Pág. 57 - Quadros 1 e 2: A história e a personalidade do tio François são fictícias, embora ele fosse aficionado por jogo, segundo diversos biógrafos.
Quadros 3 a 5: Segundo muitos historiadores e biógrafos, Rivail já seria adepto do magnetismo desde muito jovem. Os textos foram extraídos do livro "Meticulosa Pesquisa Biográfica".

Págs. 58 e 59: As cenas foram baseadas em textos de "Obras Póstumas".

Págs. 60 e 61: As cenas foram baseadas em textos de "Obras Póstumas". As aparências de René Taillandier e de Victorien Sardou foram adaptadas de retratos. As aparências do resto dos personagens são fictícias.

Pág. 62 - Quadro 1: As cenas foram baseadas em textos de diversas biografias. A fachada do "Instituto Rivail" é fictícia. A capa do livro foi baseada em imagem original (fonte: Internet).

Pictures 2 to 8:
The story, the character Madame Laforgue, and the interior of the school are fictitious. There are no records of Rivail having known Dr. Boudet in this way. There are no records that Rivail and Amélie Boudet had known each other in this way, but because they both are teachers they may have met in the school setting. The appearances of Dr. Boudet and the young Amélie are fictitious.

Page 63 - Single Picture: The scene was based on texts from "Posthumous Works".

Page 64 and 65: The scene was based on texts taken from "The Spirits' Book and its Historical and Legendary Tradition". The appearances of Canu, Clement, Leclerc, Japhet, Celine-Ruth, and Roustan are fictitious.

Page 66 and 67: The scene was based on texts from "The Spirits' Book and its Historical and Legendary Tradition". The appearance of Cahagnet was matched by bust (source: Internet).

Tables 68
Picture 1: The text was excerpted from the "Biography ..." by Henri Sausse.
Picture 2: The scene is fictitious. The cover of the book was reproduced from the original (source: Internet).

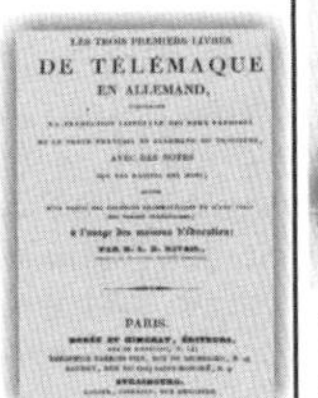

Picture 3: The scene is fictitious. There are no records that Amélie helped Rivail in the Institute before the wedding.
Tables 4 to 6:
The texts were extracted from several biographers, the scene is fictitious. The image of Vercingetorix was adapted from its statue, located in Burgundy, France.

Pág. 69 - Quadros 1 a 4: A guerra entre Roma e Gália é histórica, as cenas são fictícias.
Quadros 5 a 7: A cena de Rivail com problemas no peito é fictícia.

Págs. 70 e 71 - Quadro 1: A imagem foi adaptada de foto do Google Maps.
Quadro 2: A cena foi baseada em textos de "Obras Póstumas". O escritório de Kardec foi reproduzido da descrição de "O Livro dos Espíritos e sua Tradição Histórica e Lendária".

Págs. 72 e 73: A história foi baseada em textos de "Obras Póstumas".

Págs. 74 e 75: A história é fictícia, não existe registro de como foi o pedido de casamento de Rivail para Amélie. O pedido formal foi através de carta de Jeanne Rivail para Jean-Louis Boudet. No **Quadro 8**, vemos um cartaz da "Salle Lacaze", primeiro nome do "Folie-Marigny".

Págs. 76 a 79: A história foi baseada em textos de "Obras Póstumas". Alguns pesquisadores afirmam que o senhor M... era Marx, outros que era Montalembert. Foram reproduzidos os dois, adaptados de retratos (fonte: Internet), sem mencionar suas identidades.

Pág. 80: O texto foi extraído de vários biógrafos. A cena é fictícia, embora tenham se casado, sem cerimônias, em um cartório, com a presença da mãe de Rivail e do pai de Amélie. O desaparecido pai de Rivail e a falecida mãe de Amélie estariam presentes na memória. A aparência de Mme. Boudet é fictícia. Uma foto muito popular retrata Rivail com 28 anos. A aparência do personagem não foi baseada nesta foto por se descobrir que, na realidade, tratava-se de um autorretrato do pintor Raymond Monvoisin.

Pág. 81 - Quadro Único: A cena foi baseada em textos de "Obras Póstumas".

Págs. 82 e 83 - Quadro Único: A cena foi baseada em textos de "Obras Póstumas". A aparência de Hahnemann foi adaptada de retratos (fonte: Internet).

Pág. 84 - Quadro 1: A cena foi baseada em textos de "O Livro dos Espíritos e sua Tradição Histórica e Lendária". As lombadas dos livros são fictícias, embora os diplomas tenham sido reproduzidos dos originais (fonte: internet).

Quadro 2: A cena foi baseada em textos da "Biografia..." de Henri Sausse e de "Meticulosa Pesquisa Biográfica".

Quadro 3: A cena é fictícia, não existem registros de que o tio François escrevesse para Rivail dizendo que viajava à procura de investidores.

Quadros 4 e 5: A cena é fictícia, embora baseada em textos da Biografia, de Henri Sausse, afirmando que o tio frequentava cassinos em Spa e Aix-La-Chapelle. O prédio foi baseado no Cassino de Spa, construído em 1789.

Pág. 85 - Quadro Único: A cena foi baseada em textos de diversas biografias. A aparência de Soulié foi adaptada de retratos (fonte: Internet).

Pág. 86 - Quadros 1 a 6: A história é fictícia, baseada em textos da "Biografia..." de Henri Sousse. Não existem registros de que o tio François tenha sido perseguido por agiotas. Na sala do Instituto, uma reprodução da Estátua de Pestalozzi.

Quadro 7: A cena foi baseada em textos da "Biografia..." de Henri Sousse.
Quadro 8: A cena é fictícia.
Quadro 9: A cena é fictícia, baseada em textos da "Biografia..." de Henri Sousse.

Págs. 87 e 88: As cenas foram baseadas em textos de "Obras Póstumas".

Pág. 89: As cenas foram baseadas em textos de "O Livro dos Espíritos e sua Tradição Histórica e Lendária" e "Obras Póstumas".

Pág. 90 - Quadro 1: A cena mostra um panorama da época.
Quadros 2 a 5: As cenas foram baseadas em textos de diversas biografias. A imagem de Alvarès foi adaptada de retratos. A capa dos livros foram reproduzidas de imagens originais (fonte: Internet).

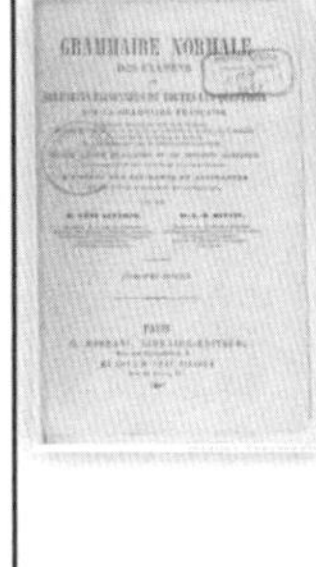

Pág. 91 - Quadro Único: A cena foi baseada em textos de "Obras Póstumas".

Pág. 92 - Quadro 1: A cena foi baseada em relatos sobre Rivail ter sido coautor da peça "Uma paixão de Salão". O coautor de fato assina H. Rivail, mas não existem registros de Kardec ter afirmado ser autor dessa peça, mas a cena foi colocada em homenagem ao folclore.

As aparências dos atores são fictícias, a de Gallois foi adaptada de escultura, o cartaz da peça é uma reprodução da capa do livro do texto original.

Quadro 2: A cena foi baseada em textos de diversos biógrafos. O "Théâtre des Folie-Marigny" ainda não tinha esse nome, mas foi como ficou conhecido. O prédio foi baseado em fotos da época (fonte: Internet).

Pág. 93 - Quadros 1 a 6: A cena é fictícia, o Mago Lacaze foi o primeiro proprietário do teatro, não existem registros de que tenha conhecido Rivail. Sua aparência é fictícia. O interior do teatro é fictício. Segundo diversas biografias, sabe-se que Rivail era contador da casa, mas não existem registros de que ele conhecesse os truques do palco.

Págs. 94 e 95: A cena foi baseada em textos de "Obras Póstumas"e de "O Livro dos Espíritos e sua Tradição Histórica e Lendária".

Pág. 96 - Quadro Único: A cena é fictícia. A história da família Fox aconteceu em março de 1848. Não existe registro de que Rivail tenha tido conhecimento disso, muito menos se leu no jornal. O New York Herald era um jornal que tinha uma edição francesa na época, mas não existem registros dos acontecimentos de Hydesville terem sido noticiados nesse meio.

Pági. 97: A cena foi baseada em textos da "Biografia..." de Henri Sausse.

Pág. 98 - Quadros 1 a 9: A história é fictícia, baseada em textos da "Biografia..." de Henri Sausse. Na sala da "Sociedade do Magnetismo" ao fundo, a tina de Mesmer. A aparência do médico e da médium são fictícias.

Pág. 99 - Quadro Único: A cena foi baseada em textos de "Obras Póstumas".

Pág. 100 - Quadro 1: A cena foi baseada em textos de "Obras Póstumas"e de "O Livro dos Espíritos e sua Tradição Histórica e Lendária".

Pág. 101 - Quadro Único: A cena foi baseada em textos de "Obras Póstumas" e outros biógrafos.

Págs. 102 e 103: As histórias foram baseadas em textos da Biografia, de Henri Sausse, de "Obras Póstumas" e de "O Livro dos Espíritos e sua Tradição Histórica e Lendária".

Págs. 104 a 107: A história foi baseada em textos de "O Livro dos Espíritos e sua Tradição Histórica e Lendária". O interior da Livraria e Editora foi baseado em imagens da época. A aparência de Edouard Dentu foi reproduzida de retratos. A aparência de Mme. Dentu é fictícia.

Pág. 108 - Quadros 1 a 3: A história foi baseada em textos de diversos biógrafos. Não existem registros da presença dos Srs. Fortier e Patiêr e da Senhora Roger naquela reunião. No **Quadro 2**, uma senhora segura o Livro "Joanna d'Arc por ela mesma", cuja capa foi reproduzida do original (fonte: Internet).

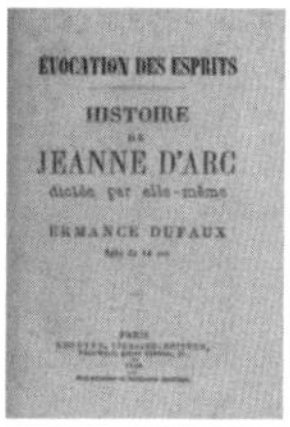

Pág. 109 - Quadro 1 a 5: A história e as falas são fictícias.

Pág. 110 e 111: A cena foi baseada em textos de "Obras Póstumas".

Págs. 112 a 114: A história foi baseada em textos de "Obras Póstumas" e outros biógrafos.

Pág. 115 - Quadro Único: A cena foi baseada em textos de "Obras Póstumas" e de "O Livro dos Espíritos e sua Tradição Histórica e Lendária". A capa do livro foi reproduzida da primeira edição original (fonte: Internet).

Págs. 116 e 117: A cena mostra o lançamento do livro no Palais Royal.

Pág. 118: A cena foi baseada em textos de "O Livro dos Espíritos e sua Tradição Histórica e Lendária".

Pág. 119: A imagem foi adpatada de uma ilustração clássica (fonte: Internet), baseada em textos de "O Livro dos Espíritos e sua Tradição Histórica e Lendária".

Págs. 120 a 121: A história foi baseada em textos de "O Livro

dos Espíritos e sua Tradição Histórica e Lendária".
Quadro 1: A vista aérea foi reproduzida do Google Maps.

Quadro 2: Foi baseado em foto da escada original do prédio (fotos de Eduardo Lima)..

Quadro 3: As aparências do Sr. e Sra. Dufaux são fictícias,
Quadro 4: A aparência de Ermance Dufaux foi baseada em retratos (fonte: Internet)

Quadro 6: A aparência da Sra. Roustan é fictícia,
Quadros 7 a 9: A sala, a saleta de visitas e o escritório da residência de Kardec foi baseada em descrições de "O Livro dos Espíritos e sua Tradição Histórica e Lendária".

Pág. 122 - Quadros 1 a 2: A cena foi baseada em textos de "O Livro dos Espíritos e sua Tradição Histórica e Lendária".

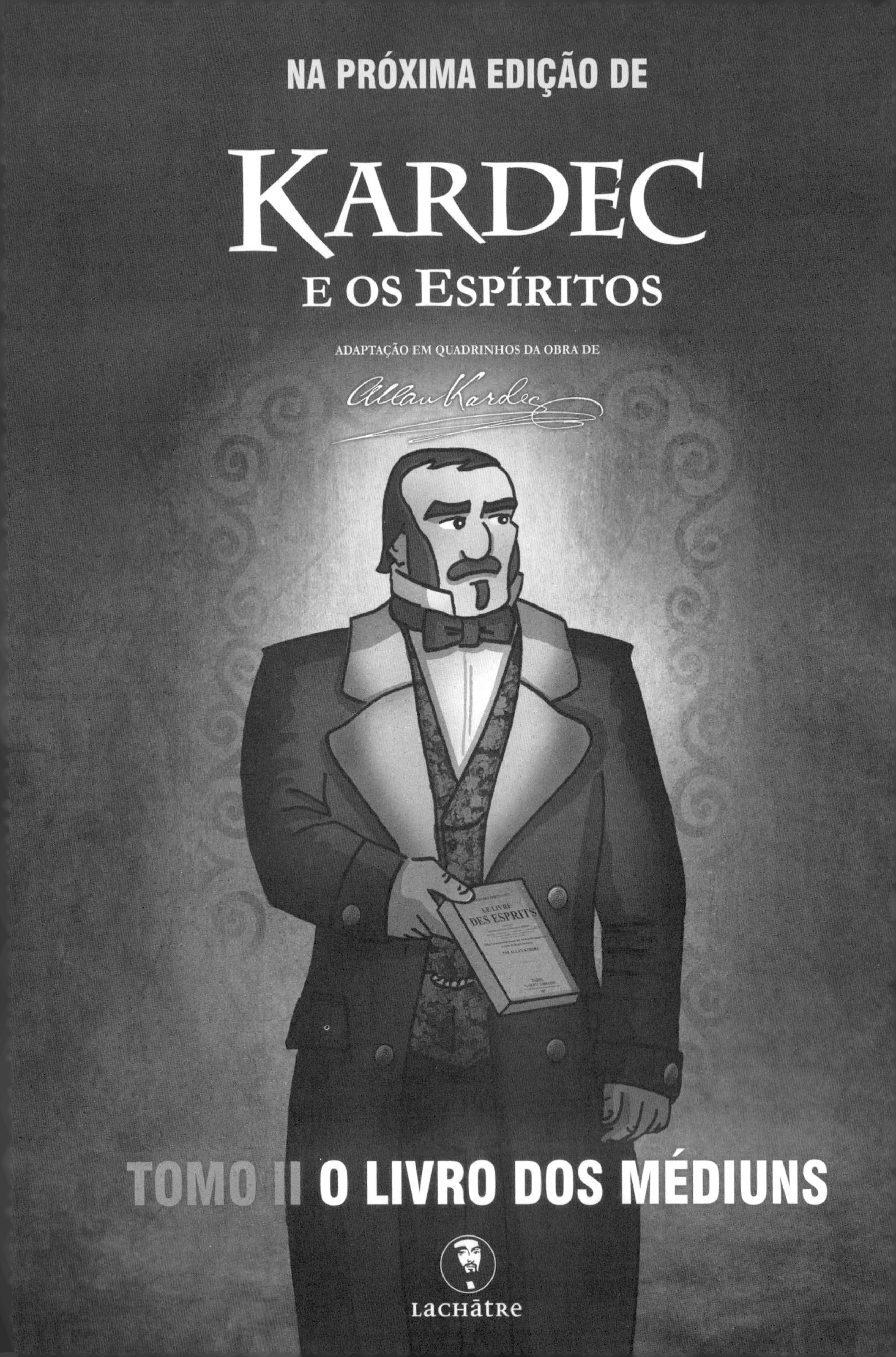
NA PRÓXIMA EDIÇÃO DE
KARDEC
E OS ESPÍRITOS
ADAPTAÇÃO EM QUADRINHOS DA OBRA DE
Allan Kardec
LE LIVRE
DES ESPRITS
TOMO II O LIVRO DOS MÉDIUNS
LACHÂTRE